Baby, Kleinkind und Job

Silvia Marega

Baby, Kleinkind und Job

Ein Wegweiser
zur Kinderbetreuung
von 0 bis 3 Jahre

Silvia Marega
Wien, Österreich

Die Online-Version des Buches enthält digitales Zusatzmaterial, das durch ein Play-Symbol gekennzeichnet ist. Die Dateien können von Lesern des gedruckten Buches mittels der kostenlosen Springer Nature „More Media" App angesehen werden. Die App ist in den relevanten App-Stores erhältlich und ermöglicht es, das entsprechend gekennzeichnete Zusatzmaterial mit einem mobilen Endgerät zu öffnen.

ISBN 978-3-662-63769-2   ISBN 978-3-662-63770-8   (eBook)
https://doi.org/10.1007/978-3-662-63770-8

Die Deutsche Nationalbibliothek verzeichnet diese Publikation in der DeutschenNationalbibliografie; detaillierte bibliografische Daten sind im Internet über http://dnb.d-nb.de abrufbar.

Der/die Herausgeber bzw. der/die Autor(en), exklusiv lizenziert an Springer-Verlag GmbH, DE, ein Teil von Springer Nature 2022
Das Werk einschließlich aller seiner Teile ist urheberrechtlich geschützt. Jede Verwertung, die nicht ausdrücklich vom Urheberrechtsgesetz zugelassen ist, bedarf der vorherigen Zustimmung des Verlags. Das gilt insbesondere für Vervielfältigungen, Bearbeitungen, Übersetzungen, Mikroverfilmungen und die Einspeicherung und Verarbeitung in elektronischen Systemen.
Die Wiedergabe von allgemein beschreibenden Bezeichnungen, Marken, Unternehmensnamen etc. in diesem Werk bedeutet nicht, dass diese frei durch jedermann benutzt werden dürfen. Die Berechtigung zur Benutzung unterliegt, auch ohne gesonderten Hinweis hierzu, den Regeln des Markenrechts. Die Rechte des jeweiligen Zeicheninhabers sind zu beachten.
Der Verlag, die Autoren und die Herausgeber gehen davon aus, dass die Angaben und Informationen in diesem Werk zum Zeitpunkt der Veröffentlichung vollständig und korrekt sind. Weder der Verlag noch die Autoren oder die Herausgeber übernehmen, ausdrücklich oder implizit, Gewähr für den Inhalt des Werkes, etwaige Fehler oder Äußerungen. Der Verlag bleibt im Hinblick auf geografische Zuordnungen und Gebietsbezeichnungen in veröffentlichten Karten und Institutionsadressen neutral.

Fotonachweis Cover©MicroOne, Adobe Stock

Planung/Lektorat: Renate Eichhorn

Springer ist ein Imprint der eingetragenen Gesellschaft Springer-Verlag GmbH, DE und ist ein Teil von Springer Nature.
Die Anschrift der Gesellschaft ist: Heidelberger Platz 3, 14197 Berlin, Germany

Vorwort

Liebe Eltern, liebe Leserinnen und Leser

Elternratgeber gibt es viele, und ihre Botschaften sind recht unterschiedlich. Haben Sie schon das eine oder andere Buch zu Hause? Dann gehören Sie ohnehin zu den fürsorglichen Eltern, die sich zu Recht Gedanken um das Wohl Ihres Kindes machen. Vielleicht haben Sie aber auch schon ein Zuviel an Information und jetzt erst recht Zweifel, was das Beste für Ihr Baby ist?

Eine gute Kombination aus Wissen, Intuition und Vertrauen, Vertrauen sowohl in Ihre elterlichen Fähigkeiten als auch in die Kompetenzen Ihres Kindes, ist der beste Weg, um eine gelungene und glückliche Kind-Eltern-Beziehung zu schaffen, um Ihren Kindern das zu geben, was sie brauchen.

Ich möchte Ihnen mit diesem Buch eine Entscheidungshilfe und Orientierung bieten. Ich beschreibe verschiedene Modelle der Kleinstkinderbetreuung und zeige deren Vor- und Nachteile auf, das Wohl des Kindes dabei nicht außer Acht lassend. Begleitet von praktischen Tipps erhalten Sie wichtige Informationen, wie Sie Baby und Job unter einen Hut bringen können, ohne das eine oder das andere zu vernachlässigen.

Sie erlangen einen Überblick über die verschiedenen Betreuungskonzepte für Kinder unter drei Jahren, lernen etwas über deren pädagogischen Wert und bekommen eine Idee davon, wie Vereinbarkeit von Beruf und Familie funktionieren kann. Somit finden Sie leichter ihren Weg, den Sie für sich und Ihr Kind als den Richtigen erachten! Jede Familie ist schließlich einzigartig, und was für Ihre Familie passt, muss noch lange nicht für eine andere die optimale Lösung sein, gerade in der heutigen Zeit, wo es so viele verschiedene Familienmodelle gibt wie noch nie.

In diesem Buch stelle ich Frauen und Männer, Mütter und Väter, Betreuerinnen und Betreuer gleichwürdig dar, denn die klassischen Rollen in unserer Gesellschaft ändern sich. Es gibt sie, die Väter in Karenz, männliche Kinderbetreuer und alleinerziehende Väter, auch wenn sie sich noch in Minderheit befinden und das Modell Mann und Kind noch nicht bei allen in unserer Gesellschaft angekommen ist. Mir ist es wichtig, dass sich sowohl Frauen als auch Männer in diesem Buch wiederfinden.

Silvia Marega

Danke

Herzlichen Dank an all die vielen Kollegen, Kolleginnen, Eltern und Kinder, die ich im Laufe meiner beruflichen Tätigkeit kennenlernen durfte und durch die ich so viele wertvolle Erfahrungen sammelte, die ich nun in diesem Buch weitergebe.

Ein besonderer Dank gilt meiner Familie für ihre moralische Unterstützung und ihre Geduld mit mir. Vor allem meine Töchter, Sandra und Marlise, haben mir immer mit Rat und Tat zur Seite gestanden und mir bei der Umsetzung meines Buchprojekts sehr geholfen – und das, obwohl sie selbst sehr beschäftigt sind.

Natürlich hat auch meine Autorenberaterin Daniela Pucher einen wertvollen Beitrag geleistet. Stets konnte ich auf ihre professionellen Tipps zählen. Sie hat mich schon beim Erstgespräch über meine noch vage Buchidee auf den richtigen Weg gebracht.

Danke auch an meine Interviewpartner Sandra und Dominik, David, Julia und Tiffany.

Und ebenfalls an Clemens Hupka, der mich mit seinem technischen Knowhow unterstützte.

Inhaltsverzeichnis

1 Ein Dorf für unser Baby 1
   1.1 Mutter – Vater – Kind 4
   1.2 Bunte Vielfalt und die Qual der Wahl 6
   1.3 Wie nun den vielfältigen Anforderungen gerecht werden? 7

2 Frühbetreuung und Bindung – ein Widerspruch? .. 11
   2.1 Bindungsverhalten 11
   2.2 Bindungsqualität – Babys brauchen Sicherheit ... 13
   2.3 Bezugspersonen und Fremdbetreuung 17

3 Mit Mama und Papa zu Hause 21
   3.1 Mutterschutz und Papamonat................. 24
      3.1.1 Mutterschutz in Österreich............. 24
      3.1.2 Mutterschutz in Deutschland.......... 25
      3.1.3 Papamonat 26
   3.2 Elternkarenz – Elternzeit 27
      3.2.1 Für Österreich: Elternkarenz 27
      3.2.2 Für Deutschland: Elternzeit 29
   3.3 Elterngeld – Kinderbetreuungsgeld 30
      3.3.1 Für Österreich: Kinderbetreuungsgeld.... 31
      3.3.2 Für Deutschland: Elterngeld 33

3.4	Welches Modell passt zu uns?.................	35
	3.4.1 Homeoffice oder Büro................	40
	3.4.2 Familienfreundlichkeit im Unternehmen..	42
	3.4.3 Weiterbildung während der Elternzeit....	44

4 Tagesmütter und Tagesväter sind die Besten 47
4.1 Über das Berufsbild....................... 49
4.2 Welche Qualifikationen muss eine Tagesmutter/ein Tagesvater erfüllen?........... 53
4.3 So finden Sie die richtige Tagesmutter bzw. den richtigen Tagesvater...... 56
4.4 Die ersten Wochen bei der Tagesmutter oder dem Tagesvater............. 59
4.5 Anregungen für den guten Umgang miteinander....................... 61
4.6 Vor- und Nachteile........................ 63
4.7 Kosten 66
4.8 Hilfreiche Links.......................... 66

5 Es krabbelt in der Krippe 67
5.1 Kita und Krippe.......................... 70
    5.1.1 Formen der Krippenbetreuung.......... 72
    5.1.2 Das pädagogische Konzept 74
5.2 Was macht eine gute Kinderkrippe aus? 82
    5.2.1 Die Rolle der Krippenbetreuer*innen 83
    5.2.2 Betreuungsschlüssel – Gruppengröße 85
    5.2.3 Räumlichkeiten und Aktivitäten......... 86
5.3 Keine Angst vor der Eingewöhnung 91
5.4 Anregungen für einen guten Krippenalltag 98
5.5 Argumente für die Krippe 99
5.6 Argumente gegen die Krippe................. 100
5.7 Kosten und Förderungen 101
5.8 Hilfreiche Links.......................... 103

6 Wer wohnt denn da bei uns? 105
6.1 Was macht ein Au-pair?.................... 108
6.2 Wissenswertes für die Gastfamilie............. 108
6.3 Vorteile eines Au-pairs..................... 110
6.4 Welche Nachteile können sich ergeben? 112
6.5 Rechtliches und Kosten 112

6.6	Tipps für die Suche	114
6.7	Hilfreiche Links	115

7 Mama und Papa gehen aus 117
   7.1   Babysitting gefragt? 119
   7.2   Babysitter-Kosten und Rechtliches 121
   7.3   Hilfreiche Links 123

8 Ohne unsere Nanny geht gar nichts 125
   8.1   Was machen Nanny und Manny? 128
   8.2   So finden Sie die richtige Nanny 129
   8.3   Vor- und Nachteile 131
   8.4   Rechtliches und Kosten 131
   8.5   Wichtige Links 132

9 Hurra, wir fahren zu Oma und Opa! 133
   9.1   Großeltern – eine Stütze der Familien 136
   9.2   Vor- und Nachteile 140
   9.3   Leihoma und Leihopa 141
         9.3.1   Motivation und Aufgaben 142
         9.3.2   Wie finden Sie die richtigen Leihgroßeltern und was sollten Sie beachten? 143
         9.3.3   Kosten 143
         9.3.4   Links 144

10 Jede Familie ist einzigartig 145

Weiterführende Literatur 151

Stichwortverzeichnis 155

1

Ein Dorf für unser Baby

Inhaltsverzeichnis

1.1 Mutter – Vater – Kind 4
1.2 Bunte Vielfalt und die Qual der Wahl 6
1.3 Wie nun den vielfältigen Anforderungen
    gerecht werden? 7

„Um ein Kind zu erziehen, brauchst du ein ganzes Dorf", lautet ein afrikanisches Sprichwort.

Wie passt dieses Sprichwort zu unserer heutigen Gesellschaft?

Die Rolle der Eltern ist komplexer denn je. Schlagwörter wie Karrieremama, Elternteilzeit, Papamonat, Homeoffice und Babyfalle schwirren in ihren Köpfen herum. Von den viel zitierten Rabeneltern bis hin zu den Helikoptereltern gibt es eine Reihe von Vorurteilen, mit denen sich Eltern heute konfrontiert sehen. Gesellschaftlicher Druck, kulturelle Vorgaben und persönliche Erfahrungen machen es den Eltern zusätzlich schwer, die für sie und ihr Kind richtige Balance zwischen Job und Familie zu finden.

Viele lassen es dann mit dem Nachwuchs lieber gleich sein oder verschieben ihr Vorhaben auf später – aus Angst, den guten Job zu verlieren, finanzielle Einbußen hinnehmen zu müssen oder der Aufgabe, sowohl gute Eltern zu sein als auch top im Job zu bleiben, nicht gewachsen zu sein. Die Geburtenrate ist seit den 60er-Jahren stark gesunken. Sie liegt in Deutschland im Schnitt bei 1,54 Kindern pro Frau und in Österreich sogar bei nur 1,46 pro Frau (Stand 2021). In vielen europäischen Ländern ist das durchschnittliche Alter der Frauen bei ihrem ersten Kind 30 Jahre, Tendenz steigend.

Unser Wissen über Kinder und ihre Entwicklung ist beträchtlich gewachsen. Auch ändern sich die Werte und Normen in unserer Gesellschaft ständig und mit ihr befinden sich auch die Familien in einem steten Wandel. Von der Vergangenheit bis heute finden wir die unterschiedlichsten Formen von Zusammenleben. Doch gerade für die Kinder waren es nicht immer rosige Zeiten, im Gegenteil.

Noch zu Beginn des 20. Jahrhunderts war die Kindersterblichkeit hoch und Kinderarbeit in Europa an der Tagesordnung. Über richtige oder falsche Kindererziehung hat sich damals kaum jemand Gedanken gemacht. Kinder liefen nebenher, wurden von Großeltern, Geschwistern oder dem Gesinde mitbetreut und leider auch oft vernachlässigt. Das Ammenwesen war in allen sozialen Schichten weit verbreitet, wenn auch aus unterschiedlichen Gründen. Arbeiterfrauen konnten ihre Kinder nicht versorgen und mussten sie oft weit weg zu fremden Familien bringen, während es in adeligen und bürgerlichen Kreisen für Mütter als unschicklich galt, ihre Kinder zu stillen. Auch hier kümmerten sich nicht die Mütter allein um ihre Kinder, sondern ihnen standen Kindermädchen, Erzieherinnen und Ammen zur Seite.

Erst durch vermehrte Geburtenkontrolle und bessere medizinische Versorgung konnte die Kindersterblichkeit gesenkt werden, und Kinder dienten nicht mehr dem materiellen Fortbestand der Familie. Nach und nach rückten Kinder ins Zentrum der Familie, ihrer Erziehung wurde immer mehr Aufmerksamkeit geschenkt. Kindheit und Mutterschaft erfuhren eine starke Aufwertung. Das bürgerliche Konzept von Ehe und Familie fand langsam Einzug in alle sozialen Schichten.

Mitte des 20. Jahrhunderts wurde dann die Kleinfamilie zum bürgerlichen Familienideal der breiten Masse erhoben. Dieses Bild der Familienidylle – mit dem Vater als Oberhaupt und Ernährer und der Mutter, die sich um Kinder und Haushalt kümmerte – prägt uns vor allem im deutschsprachigen Raum bis heute. In Frankreich und einigen skandinavischen Ländern hatte die Gleichberechtigung der Frauen schon viel früher einen höheren Stellenwert als zum Beispiel in Österreich, Deutschland oder der Schweiz. Dort ist auch die Geburtenrate etwas höher als bei uns. Eine Ausnahme stellte das Ostdeutschland des Nachkriegseuropas dar. Die soziale Gleichheit aller Mitglieder der Gesellschaft und die Gleichberechtigung von Mann und Frau waren zentrales Thema. Deshalb gab es in der DDR flächendeckende, staatlich subventionierte Betreuungsangebote auch schon für Kinder unter drei Jahren. Diese Kinderbetreuungsstätten hatten jedoch auch gesellschaftspolitische Ziele, denn die Frauen wurden in der Nachkriegszeit am Arbeitsmarkt dringend gebraucht. Die Krippen der DDR wurden zur ersten Stufe im sozialistischen Bildungssystem erklärt (Ahnert 1998).

Allerdings entsprachen diese Krippen bei Weitem nicht dem heutigen Wissensstand und Standard, denn für alle kleinen Kinder galt das gleiche Schema, und sie mussten vorgegebene Beschäftigungsprogramme unter Anleitung der Erzieher*innen erfüllen. Individualität hatte keinen Platz. Auch der wichtigen emotionalen Komponente in der Kleinstkinderbetreuung wurde kaum Beachtung geschenkt. Erst knapp vor der Wende begann ein Umdenken und es wurden neue Konzepte entwickelt, welche sich aber durch den politischen Umbruch nicht mehr durchsetzen konnten.

1.1 Mutter – Vater – Kind

Parallel dazu wurde der Säuglingsforschung endlich mehr Aufmerksamkeit geschenkt. René A. Spitz, ein österreich-amerikanischer Psychoanalytiker, gilt als Begründer der Säuglingsforschung und Entwicklungspsychologie. Durch direkte Beobachtung untersuchte er unter anderem die Beziehung zwischen Mutter und Kind und die Auswirkungen auf die kindliche Entwicklung. Besonderes Augenmerk wurde auch auf die Situation von Kindern in Kinderheimen gelegt. Viele dieser Beobachtungsstudien stammen aus der Nachkriegszeit Europas, aus den Kinderheimen und Krankenhäusern, und sie bestätigen uns, wie wichtig die soziale Komponente für die Entwicklung von Kindern ist. Obwohl die Kinder ausreichend ernährt wurden und auf strenge hygienische Maßnahmen besonderer Wert gelegt wurde, wiesen die Kinder seelische, mentale und körperliche Beeinträchtigungen und Entwicklungsverzögerungen auf. Der Grund: Die Kinder erhielten keine emotionale Zuwendung und wurden oft sogar gefühllos behandelt. Bekamen die Kinder emotionale Zuwendung durch die Betreuerinnen, verbesserte sich ihr Gesundheitszustand wesentlich (siehe auch Abschn. 5.1.2 „Das pädagogische Konzept").

Zeitgleich beschäftigte sich der englische Psychoanalytiker und Kinderpsychiater John Bowlby – mit seinen Kollegen James Robertson, schottischer Psychoanalytiker, und Mary Ainsworth, US-amerikanisch-kanadische Psychologin – mit der Bindungstheorie. Auch hier waren die frühe Mutter-Kind-Beziehung und deren Auswirkungen auf die Entwicklung des Kindes Gegenstand der Untersuchungen. Ich komme weiter unten nochmals darauf zu sprechen.

Dass die Mutter-Kind-Beziehung eine wichtige Rolle für die Entwicklung des Kindes spielt, steht seither außer Frage. Was aber von der Gesellschaft nicht weiter beachtet wurde oder kaum durchdrang, war die Tatsache, dass es auf die Qualität der Mutter-Kind-Beziehung ankommt. Allein die Tatsache, dass die Mutter zu Hause beim Kind bleibt, garantiert nicht automatisch eine gute Mutter-Kind-Beziehung und somit eine positive Entwicklung des Kindes. Sonst hätte diese Intensivierung der Betreuung ausschließlich durch die Mutter dazu geführt, dass es nur mehr glückliche, friedfertige junge Erwachsene gibt (Schenk 1996). Dieses idealisierte und verklärte Mutterbild setzt Frauen bis heute unter Druck und lastet ihnen große Verantwortung auf, oft verbunden mit Schuldgefühlen und Versagensängsten. Die Väter wurden bei diesen Studien völlig aus der Pflicht genommen – Kleinkinderziehung war Frauensache. Heute spricht man zum Glück vermehrt von der Eltern-Kind-Beziehung statt nur von der Mutter-Kind-Beziehung, und wir wissen, dass Väter eine genauso wichtige Rolle für ihre Kinder spielen wie die Mütter.

Eine isolierte Mutter-Kind-Beziehung kann sich unter Umständen sogar negativ auf die Entwicklung des Kindes auswirken. Studien haben gezeigt, dass Mütter, die durch ein soziales Netz (Partner, Großeltern, Verwandte, Freunde …) unterstützt werden, fürsorglicher agieren und auch besser mit schwierigen Situationen umgehen können (Ahnert 2020). Eine unsichere Mutter-Kind-Beziehung kann durch sichere Bindungserfahrungen zum Vater oder zu externen Betreuungspersonen kompensiert werden.

Buchtipp: Wie viel Mutter braucht der Mensch – der Mythos der guten Mutter, Herrad Schenk, (1. Auflage)

> Buchtipp: Wieviel Mutter braucht ein Kind, Lieselotte Ahnert, 2020

1.2 Bunte Vielfalt und die Qual der Wahl

Deshalb braucht unsere sich ständig verändernde Gesellschaft Reformen. Diese Reformen gibt es, auch wenn sie sich nur mühsam gegen alte Traditionen durchsetzen.

Für viele Menschen ist und bleibt die Familie das Wichtigste im Leben, egal in welcher Familienform sie zusammenleben (Abb. 1.1).

Wir sehen eine bunte Vielfalt an familialen Lebensformen, von den alleinerziehenden Müttern und Vätern bis zur Patchworkfamilie, über gleichgeschlechtliche Paare mit Kind bis zu Wohngemeinschaften mit mehreren Generationen. Frauen haben gute Ausbildungen (der Anteil an Akademikerinnen ist so hoch wie noch nie) und wollen ihr Gelerntes auch im Beruf umsetzen und unabhängig ihren

Abb. 1.1 Die bunte Vielfalt der Familie (© monropic/stock.adobe.com)

Lebensunterhalt bestreiten. Umgekehrt gibt es immer mehr Männer, die gerne mehr Zeit mit ihren Kindern verbringen wollen und sich gegen die Rolle des Wochenend-Papas wehren. Statt sich zwischen Beruf und Familie entscheiden zu müssen, geht es für moderne Eltern um beides, was jedoch nicht immer leicht zu verwirklichen ist.

Als Eltern haben Sie heute die Qual der Wahl. Auf der einen Seite gibt es eine Vielzahl an Optionen, die auch von der Politik unterstützt werden, auf der anderen Seite sind da ständiger Zeitdruck, hohe berufliche Anforderungen und die Erwartungen der Gesellschaft. Technischer Fortschritt und Digitalisierung eröffnen uns zwar neue Möglichkeiten, erhöhen aber auch den Druck, immer flexibel und verfügbar zu sein. Dazu kommt noch der Wandel zum Perfektionismus, der sich auch teilweise auf das Eltern-Dasein übertragen hat. Das alles macht es uns nicht leichter, die richtige Balance zwischen Kind und Beruf zu finden.

1.3 Wie nun den vielfältigen Anforderungen gerecht werden?

Gesellschaftlichen Druck rausnehmen
Wenn Sie als Mutter den Wunsch verspüren, die Karenzzeit auszuschöpfen und mit Ihrem Kind die Zeit zu Hause zu genießen, sind Sie noch lange kein Hausmütterchen, und umgekehrt sind Sie keine karrieregeile Mutter, wenn Sie möglichst bald in Ihren Beruf wiedereinsteigen. Verspüren Sie als Vater den Wunsch, länger in Karenz zu bleiben: Lassen Sie sich nicht als Weichei abstempeln. Umgekehrt müssen Sie kein Macho sein, wenn Sie in Ihrem Beruf Karriere machen. Die Gründe, warum sich Eltern für das eine oder andere Modell entscheiden, sind so vielfältig wie die Familien selbst. Wichtig für Sie und Ihr Kind ist, dass Sie sich

mit der Entscheidung wohl fühlen, egal was Großeltern, Freunde, Kollegen und Kolleginnen dazu sagen oder denken. Setzen Sie sich durch, wenn Sie zum Beispiel Ihr Chef schief anschaut, weil Sie sich als Papa dazu entschlossen haben, ein Jahr Babypause zu machen, um für Ihr Kind da zu sein. Sie können es sowieso nicht allen recht machen.

Umdenken braucht Zeit und vor allem starke Vorbilder. „Töchter und Söhne, die mit einer zufriedenen berufstätigen Mutter aufwachsen, erleben diesen Umstand als selbstverständlich und werden ihn später nicht infrage stellen" (Wandel 2012). Wenn sich Ihr Kind geborgen und angenommen fühlt und spürt, dass es zufriedene Eltern hat, wird es sich hervorragend entwickeln. Es ist keine Schande, Hilfe in Anspruch zu nehmen, ob es nun innerfamiliäre oder außerfamiliäre Betreuung ist, die Großeltern oder z. B. eine Tagesmutter, Sie müssen nicht alles allein schaffen. Ein erweitertes soziales Umfeld mit verschiedenen Vorbildern ist eine Bereicherung für Ihre Kinder und spielt bei der Persönlichkeitsentwicklung eine wichtige Rolle. Natürlich sind für sehr kleine Kinder die Eltern als Anker wichtig, und ein ständiger Wechsel von Bezugspersonen kann zur Verunsicherung führen und das Vertrauen des Kleinkindes in seine Umwelt erschüttern. Umso wichtiger ist es, dass Sie sich im Vorfeld gut überlegen, für welchen Zeitraum und in welchem Ausmaß andere Betreuungspersonen einzuplanen sind und wer dafür infrage kommt.

> **Beispiel**
> Ihr Kind wird für 20 Wochenstunden eine Krabbelstube besuchen – wer könnte Ihr Kind bei Krankheit abholen, sollten Sie eine wichtige Sitzung haben? An welchen Tagen kann die Oma einspringen, wenn die Tagesmutter krank ist? Wie flexibel und entgegenkommend ist man in Ihrer Firma, wenn Sie mehr Pflegeurlaub benötigen, als Ihnen rechtlich zusteht?

Zeitmanagement und Haushaltsbudget

Stellen Sie keine zu hohen Anforderungen an sich selbst. Perfektionismus erzeugt Druck und ist auf Dauer nur schwer durchzuhalten. Schalten Sie einen Gang runter und machen Sie sich bewusst, dass nicht immer alles nach Plan laufen wird, mit einem Kind schon gar nicht. Sie befinden sich damit in guter Gesellschaft, denn in keiner Familie läuft alles perfekt. Die Vereinbarkeit von Beruf und Familie erfordert ein gutes Zeitmanagement. Babyschwimmen, Musikfrühförderung, Spielgruppen usw. sind feine Angebote, aber Sie müssen nicht von einem zum anderen hetzen, um Ihr Kind optimal zu fördern. Es ist nicht notwendig, dass Sie Ihre Kinder ständig bespaßen, denn weniger ist oft mehr. Wichtig ist, dass Sie Ihre freie Zeit bewusst mir Ihrem Kind verbringen. Machen Sie diese, zwischen Job und sonstigen Verpflichtungen verbleibende Zeit zum wertvollen Gut für Sie und Ihr Kind und setzen Sie Prioritäten.

Natürlich werden auch ökonomische Faktoren bei Ihren Entscheidungen eine Rolle spielen. Ihr Gehalt, Ihre berufliche Situation, die Höhe des Kinderbetreuungsgeldes und die Kosten einer Kinderbetreuung gilt es bei der Wahl des Karenz- und Kinderbetreuungsmodells abzuwägen. Haben Sie zum Beispiel hohe Lebenserhaltungskosten (Miete, Kredit …), müssen Sie die auch weiterhin bezahlen können. Kommt es mit dem Elterngeld hin? Oder kostet der Krippenplatz mehr, als Sie mit Elternteilzeit verdienen würden? Es kann hilfreich sein, dass Sie ein Haushaltsbudget erstellen.

Ich bin überzeugt, dass Sie die richtige Wahl treffen werden, wenn Sie sich gut informieren und vorbereiten. Dann steht einer Vereinbarkeit von Beruf und Familie nichts mehr im Weg, und Baby und Job sind kein Widerspruch mehr.

2

Frühbetreuung und Bindung – ein Widerspruch?

Inhaltsverzeichnis
2.1　Bindungsverhalten 11
2.2　Bindungsqualität – Babys brauchen Sicherheit 13
2.3　Bezugspersonen und Fremdbetreuung 17

2.1　Bindungsverhalten

Bindung ist die enge emotionale Beziehung zwischen Menschen, und schon unsere Kleinsten brauchen diese sozialen Kontakte ganz dringend. Wir wissen heute, dass die sichere Bindung des Kindes im ersten Lebensjahr die Grundlage für seine positive Entwicklung ist.

Der menschliche Säugling ist nach der Geburt unselbstständig, und eine enge Bindung an eine oder mehrere Personen ist für ihn lebensnotwendig. Sie dürfen diese Abhängigkeit Ihres Babys aber nicht mit Hilflosigkeit verwechseln. Lange Zeit wurden Säuglinge vollkommen unterschätzt. Viele Untersuchungen der modernen Säuglingsforschung zeigen uns aber, dass der menschliche Säugling besser sehen, hören, riechen und fühlen kann, als bisher angenommen wurde und dass er von Geburt an mit

© Der/die Autor(en), exklusiv lizenziert an Springer-Verlag GmbH, DE,
ein Teil von Springer Nature 2022
S. Marega, *Baby, Kleinkind und Job*,
https://doi.org/10.1007/978-3-662-63770-8_2

allen relevanten sozialen Fähigkeiten ausgestattet ist. Bereits in den ersten Lebensmonaten kann Ihr Baby zwischen vertrauten und fremden Personen unterscheiden. Die Wissenschaft spricht auch vom „kompetenten Säugling". Dieser Begriff wurde hauptsächlich durch Martin Dornes, dem deutschen Psychologen und Soziologen, bekannt.

Ihr Baby ist von klein auf in der Lage, grundlegende Emotionen zu deuten und nachzuahmen, wenn auch am Anfang unbewusst. Untersuchungen wie das „Still Face Experiment" (Tronick et al. 1975) verdeutlichen, wie wichtig das Zusammenspiel von Mimik und Gestik in der Kommunikation der Bezugspersonen mit dem Baby ist und wie sehr schon die kleinen Kinder zu einer Interpretation der Gefühle fähig sind. Wenn Sie zum Beispiel Ihr Baby anlächeln, wird es zurücklächeln. Es wird von Ihren Gefühlen angesteckt, und die Fähigkeit zur Empathie, die von Beginn an vorhanden ist, wird durch diese laufenden Erfahrungen geprägt.

> Geben Sie in Ihre Suchmaschine **„Still Face Experiment"** ein, und Sie erhalten zahlreiche Kurzvideos, die die Reaktionen und die Emotionen der Babys, ausgelöst durch das Verhalten ihrer Bezugspersonen, beeindruckend belegen.

Das Bindungsverhaltenssystem – eng mit der Bindungstheorie verknüpft – ermöglicht Ihrem Kind, aktiv Ihre Nähe und somit Sicherheit zu suchen. Sie können dieses Bindungsverhalten sehr gut bei Ihrem Baby beobachten. Wenn sich Ihr Baby an Sie klammert, lächelt, schreit, zu Ihnen hinkrabbelt, sucht es aktiv Ihre Nähe und löst mit seinem Verhalten eine Reaktion bei Ihnen aus. Das klingt jetzt ein wenig technisch, ist es aber nicht. Indem Sie mit Ihrem Baby Blickkontakt suchen, mit beruhigender oder intuitiv höherer Stimme sprechen, es in den Arm nehmen, wiegen etc., geben Sie ihm die emotionale Sicherheit, die es braucht. Dieses Sicherheitsgefühl ermöglicht Ihrem Kind, sich mit seiner Umwelt aktiv auseinanderzusetzen, und bildet somit die Basis für sein frühkindliches Lernen und seine soziale Kompetenz.

2.2 Bindungsqualität – Babys brauchen Sicherheit

Viele Eltern haben bei ihrem ersten Kind die Sorge, dass sie die Bedürfnisse ihres Babys falsch verstehen und sein Verhalten nicht richtig interpretieren. Doch diese Sorge ist meist unbegründet, vertrauen Sie dabei Ihrem Instinkt! Mit der Zeit werden Sie Ihr Baby mehr und mehr verstehen und seine Signale richtig deuten. Je feinfühliger und prompter Sie reagieren, desto sicherer und geborgener fühlt sich Ihr Säugling.

Für die Bindungsqualität sind also ein sensitives, situationsangepasstes und promptes Reagieren von Bezugspersonen ausschlaggebend und somit Voraussetzung für die emotionale Stabilität des Kindes. Erfährt Ihr Baby von Beginn an, dass seine Bedürfnisse wahrgenommen und richtig interpretiert werden, gibt das ihm Sicherheit und Geborgenheit, was wiederum sein Selbstvertrauen und seine Resilienz stärkt. Feinfühligkeit ist dabei nicht mit Überfürsorglichkeit zu verwechseln, denn diese kann in der Beziehung wiederum kontraproduktiv sein und es dem Kind erschweren, sein nötiges Selbstvertrauen zu entwickeln. Mit Feinfühligkeit ist ein angemessenes Verhalten gemeint, das auch auf die selbstregulierenden Fähigkeiten des Kindes vertraut. Babys schreien nicht grundlos, sie zeigen uns damit ihr Unbehagen, für dessen Bewältigung sie unsere Unterstützung benötigen (Tab. 2.1).

Tab. 2.1 Modell der Feinzeichen der kindlichen Befindlichkeit. (Nach „Mit den Kleinsten in Kontakt", Klein Margarita, Ökotopia Verlag (2011))

Das Kind zeigt sich ...	... offen und aufmerksam	... angestrengt, kann sich selbst regulieren	... belastet, braucht Hilfe zur Selbstregulation oder Ruhe
Autonomes System: Atmung, Haut, Kreislauf, Verdauung	Atmung regelmäßig, Haut rosig	Gähnt, seufzt, stöhnt, niest, Schluckauf	Atmet gepresst, unregelmäßig Die Haut ist gerötet oder blass Würgt und spuckt
Motorik	Weiche, harmonische Bewegungen, guter Muskeltonus, schmiegt sich an, dreht den Kopf zum Gegenüber	Nuckelt, hält sich an sich selbst fest, ringt die Hände, führt Hand zum Mund, Kopf, Ohr	Überstreckt sich, wendet sich ab, spreizt die Finger, rudert mit den Armen, dreht sich weg Disharmonisch, macht sich steif
Schlaf und Wachzustand	Wach und aufmerksam, eindeutig stabiler Zustand	Wechselt die Zustände schnell, döst	Quengelt, schreit, starrt mit aufgerissenen Augen
Interaktion	Sucht und hält Blickkontakt, lächelt, offen, aktiv, interessiert	Wendet den Blick ab, blickt ausdruckslos ins Leere, blinzelt	Erregt, nicht zu erreichen, in sich zurückgezogen

Hier eine kleine „Übersetzungshilfe", damit die Kommunikation mit Ihrem Kind gut klappt und Sie auf seine Befindlichkeiten angemessen reagieren: Anhand der Tab. 2.1 sehen Sie, welches körperliche Verhalten ihr Kind, je nach emotionalem Zustand, zeigt.

2 Frühbetreuung und Bindung – ein Widerspruch?

Wenn Sie zum Beispiel mit Ihrem Kind spielen oder ihm vielleicht gerade ein Lied vorsingen, kann es sein, dass Ihr Baby plötzlich den Blick abwendet, blinzelt, unruhig wird. Dann sollten Sie mit dem Spiel aufhören, denn Ihr Kind braucht jetzt Ruhe. Die Aufmerksamkeitsspanne ist umso kürzer, je jünger ein Kind ist. Kann sich Ihr Baby nicht mehr selbst regulieren, wie durch Nuckeln oder Zappeln, beginnt es zu schreien. Dann hilft es wahrscheinlich, wenn Sie es in den Arm nehmen, streicheln und mit ruhiger Stimme sprechen oder summen. Ihr Baby spürt, dass Sie angemessen auf seine Bedürfnisse reagieren, und es wird eine sichere Eltern-Kind-Bindung entstehen. Diese erleichtert Ihrem Baby, neue Erfahrungen zu machen und Beziehungen zu anderen Personen zu knüpfen. Vergessen Sie dabei nicht, dass sich Ihr Baby laufend entwickelt und dass Sie Ihr Verhalten nicht nur der Situation, sondern auch dem Alter entsprechend anpassen. Ein schreiendes, zwei Monate altes Baby braucht andere Fürsorge als ein zehn Monate altes Baby, das etwas quengelt. Oder anders gesagt: Je jünger Ihr Kind ist, desto eher müssen Sie Ihre Bedürfnisse denen Ihres Kindes unterordnen. Mit der Zeit ist es jedoch wichtig, dass Sie Ihre eigenen Bedürfnisse wahrnehmen und mit denen Ihres Kindes in Einklang bringen (Abb. 2.1).

Bindungsverhaltenssystem – Neugierverhalten
Fühlt sich Ihr Kind unsicher, ängstlich, unwohl oder krank, wird das Bindungsverhaltenssystem aktiviert und es wird verstärkt Schutz bei der ihm vertrauten Bezugsperson suchen. Diese vertrauten Bezugspersonen werden im Idealfall, gerade wenn das Baby noch sehr klein ist, die Eltern sein. Es können aber auch andere Personen einspringen, die sich regelmäßig um das Baby kümmern. Fühlt sich Ihr Baby wieder sicher, wird sein Neugierverhalten aktiviert (Abb. 2.2).

Abb. 2.1 Mutter tröstet ihr weinendes Baby (© eloi/stock.adobe.com)

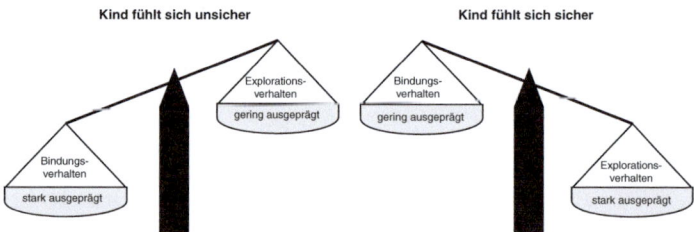

Abb. 2.2 Antagonismus zwischen Bindungs- und Explorationsverhalten eines Kindes (Mod. nach M. Bolten (2019) Klinische Bildungsforschung, Lehrbuch der Verhaltenstherapie, Band 3, Springer)

Den Wechsel zwischen sicherer Bindung und neugierigem Erkunden der Umwelt kann man unter anderem gut in der Eingewöhnungsphase in der Krippe beobachten. Ich komme im Kapitel Kinderkrippe/Eingewöhnung nochmals ausführlicher darauf zu sprechen.

Wie sich Kinder entwickeln, hängt aber nicht ausschließlich von der leiblichen Eltern-Kind-Beziehung ab. Die genetische Veranlagung spielt dabei ebenso eine große Rolle, genauso das erweiterte soziale Umfeld. Das bietet auch Kindern, die leider keinen so guten Start ins Leben hatten (zum Beispiel, weil sich ihre Eltern nicht um sie kümmern konnten), die Chance, mit Hilfe anderer Bezugspersonen und liebevoller Betreuung einiges aufzuholen und sich gut zu entwickeln. Elternliebe kommt zum Glück auch bei nichtbiologischen Eltern vor.

2.3 Bezugspersonen und Fremdbetreuung

Das Kind bindet sich also nicht nur an eine Bezugsperson, sondern auch an andere Personen, die sich regelmäßig um es kümmern, mit ihm spielen und interagieren. Ob das jetzt ältere Geschwister, Großeltern oder die Frühpädagogin ist, spielt dabei keine Rolle, sofern die Betreuungspersonen Ihrem Baby vertraut sind. Wichtig dabei ist, dass die anderen Bezugspersonen ebenso feinfühlig auf die Bedürfnisse Ihres Kindes reagieren wie Sie selbst. Auch die Regelmäßigkeit der Betreuung spielt eine Rolle, damit sich Ihr Baby auch bei anderen Personen geborgen fühlt. Ein ständiger Wechsel von Betreuungspersonen sorgt vor allem bei sehr kleinen Kindern für Unsicherheit und lässt diese wichtige Bindung nur schwer entstehen.

Wenn Sie diese wenigen Regeln berücksichtigen, werden weitere Bezugspersonen ein Gewinn für Ihr Baby sein, indem sie seine sozialen Kontakte bereichern. Denn je nach Temperament interagieren Erwachsene unterschiedlich mit dem Kind, und jedes Kind bringt wiederum sein angeborenes Temperament mit. Schüchtern und ängstlich oder draufgängerisch und mutig gehen schon die Kleinsten auf ihre Umwelt zu und profitieren somit von unterschiedlichen Vorbildern und Anregungen.

Die Eltern bleiben natürlich die Hauptbezugspersonen, auch in multiplen Betreuungssystemen, aber je sicherer und stabiler die Eltern-Kind-Beziehung ist, umso besser kommen Kinder mit fremden Situationen und neuen Beziehungserfahrungen zurecht.

Die Beziehungen sind oft hierarchisch geordnet und haben eine Rangfolge.

> **Beispiel**
>
> Beispiel 1: Paul, vier Monate, hat leichte Bauchschmerzen und ist deshalb weinerlich. Mama und Papa sind als Hauptbindungspersonen nicht anwesend, aber Paul findet Trost bei Oma, die ihm sehr vertraut ist, und lässt sich schnell von ihr beruhigen.
>
> Beispiel 2: Emma, zehn Monate, ist bei der Tagesmutter. Normalerweise ist sie ein fröhliches Kind, aber heute ist sie weinerlich und quengelig. Wahrscheinlich wird sie krank und sie fühlt sich unwohl. Die ihr schon sehr vertraute Tagesmutter kann sie zwar beruhigen, aber sobald ihre Mama da ist, krabbelt Emma zu ihr hin und will nur mehr von ihr getröstet werden.

Auch in Kinderkrippen können wir beobachten, dass Kinder vorrangig bei Betreuungspersonen Schutz und Geborgenheit suchen, zu denen sie von Anfang an eine intensive und konstante Bindung haben. Je größer ihr Unwohlsein ist, umso mehr verlangen sie nach den Hauptbezugspersonen.

Mehrere Bezugspersonen sind also kein Problem für kleine Kinder, wenn Eltern und andere Betreuungspersonen ein paar wichtige Grundregeln beachten. Ist eine gute Qualität der Eltern-Kind-Beziehung einmal vorhanden, bleibt sie – unabhängig von anderen Erfahrungen des Kin-

2 Frühbetreuung und Bindung – ein Widerspruch?

des – bestehen. Eine gute Eltern-Kind-Beziehung und qualitätsvolle außerfamiliäre Betreuung sind also kein Widerspruch und tragen dazu bei, dass Baby und Berufstätigkeit besser vereinbar sind. Wichtig ist, dass alle Familienmitglieder gut mit der Entscheidung leben können, die getroffen wurde.

3

Mit Mama und Papa zu Hause

Inhaltsverzeichnis
3.1 Mutterschutz und Papamonat... 24
    3.1.1 Mutterschutz in Österreich................................. 24
    3.1.2 Mutterschutz in Deutschland............................. 25
    3.1.3 Papamonat.. 26
3.2 Elternkarenz – Elternzeit.. 27
    3.2.1 Für Österreich: Elternkarenz............................... 27
    3.2.2 Für Deutschland: Elternzeit................................ 29
3.3 Elterngeld – Kinderbetreuungsgeld................................ 30
    3.3.1 Für Österreich: Kinderbetreuungsgeld.............. 31
    3.3.2 Für Deutschland: Elterngeld............................... 33
3.4 Welches Modell passt zu uns?... 35
    3.4.1 Homeoffice oder Büro.. 40
    3.4.2 Familienfreundlichkeit im Unternehmen......... 42
    3.4.3 Weiterbildung während der Elternzeit.............. 44

In diesem Kapitel erhalten Sie einen Überblick über verschiedene Modelle der Elternzeit beziehungsweise Karenzzeit sowie Ideen, wie Sie Job und Betreuung Ihres Babys zu Hause kombinieren können. Darüber hinaus gibt es Tipps

---

Ergänzende Information Die elektronische Version dieses Kapitels enthält Zusatzmaterial, auf das über folgenden Link zugegriffen werden kann https://doi.org/10.1007/978-3-662-63770-8_3.

© Der/die Autor(en), exklusiv lizenziert an Springer-Verlag GmbH, DE, ein Teil von Springer Nature 2022
S. Marega, *Baby, Kleinkind und Job*,
https://doi.org/10.1007/978-3-662-63770-8_3

für den Berufswiedereinstieg, für Homeoffice und Weiterbildung während der Elternzeit.

Emil weint, besser gesagt er schreit. Unglaublich, welch kräftige Stimme so ein kleiner Körper produzieren kann. Es ist zwei Uhr morgens, und Julian hält Emil im Arm und wandert mit ihm wippend im Wohnzimmer auf und ab, während ich erschöpft auf der Couch sitze. Wir rätseln, was unserem kleinen Sohn fehlen könnte.

Ich heiße Lisa und erinnere mich an diese erste schwierige Zeit zu Hause. Emil war als Frühchen zur Welt gekommen und leider ein Schreibaby. Ich bin so froh, dass Julian vom Papamonat Gebrauch machen konnte, auch wenn sein Chef von der Idee nicht begeistert war. Ohne Julians Unterstützung hätte ich diese schwierige Zeit wahrscheinlich nicht so gut überstanden. Wir fühlten uns von Anfang an immer beide verantwortlich und zuständig für unser Baby. Obwohl ich stillte, gelang es Julian ebenso rasch, eine sehr enge Beziehung zu Emil aufzubauen. Er konnte ihn manchmal sogar besser beruhigen als ich, vielleicht weil ich anfangs viel zu nervös und gestresst war.

Mittlerweile ist Julian wieder in seinem Job als Elektriker tätig. Zum Glück arbeitet er in einem kleinen Betrieb und seine Arbeitszeiten sind sehr familienfreundlich.

Mein Job war in der Hotellerie und ich hatte, bevor ich schwanger wurde, Nacht- und Wochenenddienste. Deshalb war für mich von Anfang an klar, dass ich mindestens 18 Monate in Karenz bleibe, aber die Zeit nutzen möchte, um mich weiterzubilden.

Inzwischen ist Emil 8 Monate und zum Glück ein entspanntes, fröhliches Baby. Wir sind jetzt ein eingespieltes Team und ich genieße die Zeit mit meinem Sohn sehr. Trotzdem bin ich immer über Abwechslung froh. Ich treffe oft meine Freundin, die auch vor kurzem ein Baby bekommen hat, und

3 Mit Mama und Papa zu Hause

manchmal kommt meine Mama zu Besuch. Besonders freue ich mich auf die Wochenenden, wenn mein Mann frei hat und wir zu dritt etwas unternehmen können. Allein mit Emil zu Hause fällt mir recht schnell die Decke auf den Kopf.

Vor einer Woche hat mein Kurs begonnen. Es war für mich seltsam, wegzugehen und Emil bei seinem Papa oder meiner Mutter zu lassen. Da Emil auch mit meiner Mutter von Beginn an vertraut war, war es aber kein Problem für ihn, bei seiner Oma zu bleiben. Ich hatte allerdings das Gefühl, das etwas an meiner Seite fehlt, als ich mich allein auf den Weg machte. Trotzdem tut mir die Abwechslung gut und ich bin froh, diesen Schritt getan zu haben. Schließlich geht es auch um unsere Zukunft, denn ich hoffe, mit dem Kurs einen familienfreundlicheren Job zu finden. Und wenn ich nach dem Kurs nach Hause komme, freue ich mich umso mehr, Emil in die Arme zu nehmen und auch er freut sich wahnsinnig, mich zu sehen.

Wahrscheinlich stellen Sie sich – wie viele Eltern – die Frage, ob und wie lange Sie mit Ihrem Kind zu Hause bleiben sollen und wie Sie die Zeit zwischen Job und Kinderbetreuung am besten zwischen Mama und Papa aufteilen. Wie schon erwähnt, gibt es sowohl in Deutschland als auch in Österreich unterschiedliche Elternzeit-Modelle und somit einige Alternativen zur klassischen jahrelangen Mütterkarenz (Abb. 3.1).

Genauere Details zu Berechnungen, Anträgen und den Voraussetzungen entnehmen Sie bitte den Linkadressen am Ende des Kapitels. Gerade im Corona-Jahr wurden viele Leistungen angepasst und angehoben, um Familien zu unterstützen. In beiden Ländern setzt man auf Digitalisierung, und alle Anträge können mittlerweile online erledigt werden.

Abb. 3.1 Junges Elternpaar mit ihrem Neugeborenen (© Boggy/stock.adobe.com)

3.1 Mutterschutz und Papamonat

In den meisten Ländern gibt es heute ein Gesetz zum Schutz der Mütter rund um die Geburt. In den USA zum Beispiel, als einziges Industrieland übrigens, müssen Mütter oft ihren Urlaub nehmen, um vor und nach der Geburt zu Hause bleiben zu können. In einigen Bundesstaaten oder auch in manch privaten Unternehmen gibt es Ausnahmen, meist bleibt die Auszeit aber unbezahlt.

3.1.1 Mutterschutz in Österreich

Acht Wochen vor und acht Wochen nach der Geburt besteht ein Beschäftigungsverbot und ein Kündigungsschutz für Mütter. Bei Komplikationen in der Schwangerschaft, Frühgeburten oder Zwillingen gibt es längere Fristen. Mütter haben Anspruch auf Ersatzleistung in dieser Zeit, sofern sie bei einer gesetzlichen Krankenkasse versichert sind.

In Österreich wird diese Ersatzleistung als Wochengeld bezeichnet. Als Berechnungsgrundlage wird hierbei der Verdienst der letzten drei Monate herangezogen. Diese Regelung gilt für alle Angestellten, aber auch für freie Dienstnehmerinnen.

Für selbstständige Frauen gilt die Mutterschutzfrist (mit anderen Worten: das Beschäftigungsverbot) nicht – ihnen bleibt selbst überlassen, wie lange sie vor und nach der Geburt arbeiten. Sie können aber ihre Erwerbstätigkeit oder ihr Gewerbe bei ihrer Interessensvertretung ruhend melden. Als Mutterschaftsleistung bekommen sie von ihrer Versicherung Betriebshilfe (d. h. für den Betrieb wird eine Ersatzarbeitskraft zur Verfügung gestellt) als Sachleistung oder Wochengeld als Geldleistung.

3.1.2 Mutterschutz in Deutschland

In Deutschland besteht sechs Wochen vor und acht Wochen nach der Geburt ein Beschäftigungsverbot und ein Kündigungsschutz für Mütter. Bei Komplikationen in der Schwangerschaft, Frühgeburten oder Zwillingen gibt es längere Fristen.

Mütter haben Anspruch auf Ersatzleistung in dieser Zeit – das Mutterschaftsgeld – sofern sie bei einer gesetzlichen Krankenkasse versichert sind. Sie bekommen den gleichen Nettolohn wie vor Beginn des Mutterschutzes. Einen Teil übernimmt die Krankenkasse, einen Teil der Arbeitgeber.

Für Selbstständige gilt die Mutterschutzfrist nicht – ihnen bleibt es selbst überlassen, wie lange sie vor und nach der Geburt arbeiten. Wenn Sie als Selbstständige eine gesetzliche Krankenversicherung abgeschlossen haben, bei der Sie vollen Anspruch auf Krankengeld haben, können Sie Mutterschaftsgeld beziehen. Sind Sie privat krankenversichert, besteht kein Anspruch auf Mutterschaftsgeld, aber Sie können einen Pauschalbetrag erhalten. Tipp: Erkundigen Sie sich vorher ausführlich über die Leistungen Ihrer Versicherung und denken Sie rechtzeitig daran, Rücklagen zu bilden, damit Sie für Notfälle gerüstet sind.

3.1.3 Papamonat

Relativ neu ist in Österreich der Papamonat. In Österreich gibt es für Väter seit September 2019 einen Rechtsanspruch auf den Papamonat. Das heißt, Sie sind als Vater nicht mehr auf die Zustimmung des Arbeitgebers angewiesen, sondern haben das Recht auf eine Dienstfreistellung nach der Geburt Ihres Kindes für die Dauer von einem Monat. Voraussetzung ist ein gemeinsamer Haushalt mit dem Kind und dass Sie Ihren Arbeitgeber über die Geburt Ihres Kindes informieren und spätestens nach einer Woche den Antrittszeitpunkt Ihrer Freistellung bekannt geben. Dann dürfen Sie gemeinsam mit Ihrer Frau einen Monat zu Hause beim Kind bleiben.

Der Arbeitgeber muss in dieser Zeit kein Gehalt zahlen. Väter können aber den Familienzeitbonus beantragen. Da der Lohnersatz jedoch relativ gering ist (max. 700 Euro), können es sich nicht alle Familien leisten, den Papamonat in Anspruch zu nehmen.

In dieser Zeit sind Sie als Papa weiterhin gesetzlich krankenversichert und pensionsversichert. Außerdem besteht ein Kündigungsschutz.

Kritiker sehen darin einen unbezahlten Urlaubsmonat für den Vater. Das ist wohl nicht Sinn und Zweck dieser Erfindung – wie Sie diese Zeit nutzen, hängt ganz von Ihrem Engagement als Vater ab.

Die Vorteile des Papamonats:

- Väter bekommen die Chance, von Beginn an eine intensive Beziehung zu ihrem Kind aufzubauen.
- Väter werden vertraut im Umgang mit einem Säugling.
- Männer werden als Väter in der Arbeitswelt sichtbar.
- Es wirkt starren Rollenbildern entgegen.
- Es kann eine Anregung für Väter sein, auch Karenzzeit zu nehmen.

In Deutschland gibt es den Papamonat nicht in dieser Form. Die Väter können aber ab der Geburt Ihres Kindes Elternzeit nehmen.

Wie lange Mütter oder Väter nach diesem Wochenschutz Anspruch auf Kinderbetreuungszeit haben und ob sie dafür Geld bekommen, ist in jedem Land anders geregelt.

3.2 Elternkarenz – Elternzeit

In Deutschland und in Österreich ist die Gesetzgebung betreffend Beruf und Baby ähnlich. Die Begriffe sind allerdings unterschiedlich und meinen nicht unbedingt dasselbe. Um keine Verwirrung zu stiften, behandle ich in diesem Abschnitt die beiden Länder getrennt.

3.2.1 Für Österreich: Elternkarenz

Beginn und Dauer
Anschließend an den Mutterschutz beginnt die Karenzzeit, auch Elternkarenz genannt. Sie kann bis zu 24 Monate dauern und zwischen Mutter und Vater aufgeteilt werden. Ein Wechsel zwischen den Elternteilen ist zweimal möglich, wobei ein Karenzabschnitt mindestens zwei Monate dauern muss. Auch ein gemeinsamer Monat ist erlaubt,

nämlich anlässlich des Wechsels der Betreuung von einem Elternteil zum anderen. Die Karenzdauer müssen Sie Ihrem Arbeitgeber schriftlich mitteilen, und zwar innerhalb von acht Wochen nach der Geburt Ihres Babys.

> **Beispiel**
>
> Beispiel einer Karenzaufteilung zwischen Mutter und Vater: Die ersten 6 Monate nimmt die Mutter Karenz, vom 6. bis 11. Monat der Vater, im 12. Monat beide gemeinsam, vom 13. bis 18. Monat die Mutter.

Aufgeschobene Karenz und Karenzverlängerung

Drei Monate Ihrer Karenz können Sie sowohl als Vater und auch als Mutter für später aufheben. Sie müssen diese drei Monate bis zum siebenten Lebensjahr Ihres Kindes in Anspruch nehmen. Die Karenzzeit davor wird dadurch um diese drei bis sechs Monate verkürzt. Also statt 24 Monate beträgt die Karenz dann 18 oder 21 Monate.

Während der gesamten Karenzzeit besteht Kündigungsschutz.

Sie dürfen während der Karenzzeit auch geringfügig dazuverdienen, entweder bei Ihrem ursprünglichen Arbeitgeber oder bei einem anderen Arbeitgeber. Das Entgelt darf die Geringfügigkeitsgrenze aber nicht überschreiten (2021 liegt sie bei 475,86 Euro pro Monat).

Selbstständige können ihre Elternschaft frei gestalten und unterliegen diesbezüglich keinen gesetzlichen Bestimmungen.

Freie Dienstnehmer*innen haben keinen Anspruch auf Karenz.

Elternteilzeit

Eine weitere attraktive Möglichkeit bietet die Elternteilzeit. Um Kinder und Arbeit besser miteinander vereinbaren zu können, haben Sie die Möglichkeit, Ihre Arbeitszeit zu reduzieren oder zu verlagern bzw. eine Kombination aus beiden. Elternteilzeit kann von beiden Elternteilen gleichzeitig in Anspruch genommen werden, aber nicht, wenn einer von beiden in Karenz ist. Sie können mit der Elternteilzeit gleich nach dem Mutterschutz oder nach der Karenzzeit starten. Beachten Sie hierfür ebenfalls die Fristen der Beantragung. Außerdem gibt es Voraussetzungen, die zu erfüllen sind: Sie müssen Ihre Arbeitszeit mindesten um zwanzig Prozent reduzieren, Sie müssen seit drei Jahren angestellt sein und Ihre Firma muss mehr als zwanzig Mitarbeiter*innen beschäftigen. Auch bei kleineren Unternehmen können Sie mit der Firmenleitung eine Vereinbarung treffen, wenn diese damit einverstanden ist.

3.2.2 Für Deutschland: Elternzeit

Beginn und Dauer
Sie können für Ihr Kind bis zu drei Jahre Elternzeit in Anspruch nehmen: als Mutter im Anschluss an den Mutterschutz, als Vater ab Geburt des Kindes. Sie entscheiden, wie lange Sie in Elternzeit gehen und ob Sie Ihre gesamte Elternteilzeit am Stück nehmen oder in zwei oder drei Teilabschnitte aufteilen. Elternzeit ist auch für einzelne Monate, Wochen oder Tage möglich. Sie haben bis zum Tag vor dem achten Geburtstag Ihres Kindes Zeit, Elternzeit zu nehmen, nach dem dritten Geburtstag allerdings nur mehr für 24 Monate.

Während der Elternteilzeit besteht ein Kündigungsschutz. Sie müssen Ihre Elternzeit schriftlich bei Ihrem Arbeitgeber abgeben. Beachten Sie dabei die Fristen der Bekanntgabe.

Teilzeit während der Elternzeit
Sie dürfen während der Elternzeit Ihre Arbeitsstunden verringern, also in Teilzeit arbeiten. Voraussetzungen: Sie müssen mindestens sechs Monate beim Arbeitgeber angestellt sein und es müssen dort über 15 Mitarbeiter*innen beschäftigt sein. Außerdem sollten Sie mindestens zwei Monate Teilzeit arbeiten, und zwar mindestens 15 und maximal 30 Stunden pro Woche. Wenn diese Voraussetzungen nicht erfüllt werden, haben Sie keinen gesetzlichen Anspruch, können aber mit Ihrem Dienstgeber trotzdem eine Vereinbarung treffen.

> **Tipp**
> - Bitten Sie Ihren Chef oder Ihre Chefin um ein Gespräch, sobald Sie ungefähr wissen, ob und wie lange Sie Elternzeit nehmen wollen.
> - Besprechen Sie die Möglichkeit der Teilzeitarbeit, sollten Sie Interesse daran haben.
> - Treffen Sie die Vereinbarungen schriftlich.
> - Beachten Sie die Fristen.

3.3 Elterngeld – Kinderbetreuungsgeld

In Deutschland und Österreich erhalten Eltern während der zeitweiligen Berufsunterbrechung Ersatzleistungen. Das Elterngeld hilft sowohl Müttern als auch Vätern, sich Zeit für ihr Baby zu nehmen, und gleicht den Wegfall des Einkommens in dieser Zeit etwas aus. Teilen sich Mutter und Vater die Elternzeit und den Elterngeldbezug, bauen ihre Kinder somit eine enge Bindung zu beiden Elternteilen auf. Mütter können trotzdem ihren Beruf ausüben, Väter können mehr Zeit mit ihren Kindern verbringen, und es gibt ihnen als Paar die Möglichkeit, Beruf und Familie partnerschaftlich zu teilen.

3.3.1 Für Österreich: Kinderbetreuungsgeld

Im Anschluss an das Wochengeld erhalten Sie das Kinderbetreuungsgeld, kurz KBG genannt.

Anspruchsvoraussetzungen
- Gemeinsamer Wohnsitz mit dem Kind
- Lebensmittelpunkt in Österreich
- Durchführung der Mutter-Kind-Pass-Untersuchungen
- Anspruch auf Familienbeihilfe
- Bei getrennt lebenden Paaren: Obsorgeberechtigung

Seit 2017 gibt es zwei Varianten des Kinderbetreuungsgeldes
- Das **einkommensabhängige Kinderbetreuungsgeld** steht Ihnen bis zum ersten Geburtstag Ihres Kindes zu. Haben Sie vor, sich nur kurzfristig aus dem Berufsleben zurückzuziehen? Dann ist das wahrscheinlich die für Sie geeignete Variante. Allerdings müssen Sie in einem aufrechten Dienstverhältnis stehen. Die Bezugshöhe beträgt 80 Prozent des Wochengeldes, aber maximal ca. 2000 Euro monatlich (Stand 2021).
- Das **Kinderbetreuungsgeldkonto** ist eine pauschale Leistung, und Eltern erhalten es unabhängig von einer vor der Geburt des Kindes ausgeübten Erwerbstätigkeit. Sie bestimmen selbst, wie lange Sie das Kinderbetreuungsgeld innerhalb eines Zeitraumes beziehen. Ein Elternteil kann zwischen 12 und 28 Monaten Kinderbetreuungsgeld beziehen; nehmen beide Elternteile das KBG in Anspruch, verlängert sich der Zeitraum auf bis zu 35 Monate. Für diesen gesamten Zeitraum

gibt es einen Pauschalbetrag von 12.366,20 Euro für einen Elternteil; nehmen sowohl Vater als auch Mutter das KBG-Konto in Anspruch, beträgt die Summe der Pauschale 15.449,28 Euro (Stand 2021). Je nach gewählter Bezugsdauer wird also der Tagessatz angepasst. Somit können Sie die Bezugsdauer und die Höhe des KBG an Ihre Bedürfnisse anpassen. Sie haben auch die Möglichkeit, weniger als 12 Monate KBG zu beziehen, allerdings erhöht sich der Tagessatz dann nicht, das restliche Geld verfällt.

Beide Elternteile können KBG beziehen, allerdings müssen 20 Prozent der Bezugsdauer für einen Elternteil reserviert sein, den Rest können Eltern frei zwischen sich aufteilen. Sie können sich zwei Mal abwechseln und 31 Tage gemeinsam KBG beziehen. Nehmen beide Elternteile zu etwa gleichen Teilen (50:50 bis 60:40) und jeweils für mindestens 124 Tage das KBG in Anspruch, so können die Eltern einen Antrag auf Partnerschaftsbonus – in der Höhe von insgesamt 1000 Euro – stellen.

Auch **Selbstständige** haben die Möglichkeit, Kinderbetreuungsgeld zu beantragen. Anträge sind bei der Sozialversicherungsanstalt der gewerblichen Wirtschaft zu stellen (Abb. 3.2, Audiodatei 3.2).

Kinderbetreuungsgeld-Rechner und alle Infos für Österreich

www.finanz.at/arbeitnehmer/mutterschutz (Mutterschutz-Rechner)
http://www.bmfj.gv.at/dam/bmfj/KBG-Rechner/index.html#kbgKonto
www.sozialversicherung.at/kbgOnlineRechner
http://www.bmfj.gv.at/dam/bmfj/KBG-Rechner/index.html#familienzeitbonus

Abb. 3.2 Der Schwangerschaftsbauch wird umarmt (© kout mohamed/EyeEm/stock.adobe.com) ((**Audiodatei 3.2** Interview mit den werdenden Eltern Sandra und Dominik))

> www.arbeiterkammer.at
> https://www.wko.at/service/t/arbeitsrecht-sozialrecht/koennen-selbststaendige-auch-in-karenz-gehen.html
> https://www.oesterreich.gv.at/themen/familie_und_partnerschaft/geburt/3/2/3/2/Seite.080631.html#Vorauss
> Hier finden Sie interessante Kurzvideos von der Arbeiterkammer zu diesen Themen: https://youtu.be/gLYoJIlBDLM

3.3.2 Für Deutschland: Elterngeld

In Deutschland wurde das Elterngeld sehr flexibel gestaltet. Es gibt das Basiselterngeld, Elterngeld Plus und den Partnerschaftsbonus sowie die Möglichkeit einer Kombination aus allen. Für werdende Eltern ist es oft kein leichtes Unterfangen, aus der Vielzahl an Optionen die für sie beste Variante herauszufinden. Außerdem gab es zuletzt einige Reformen, die letzte trat September 2021 in Kraft.

Anspruch haben Sie, wenn Sie in Deutschland wohnen, Ihr Kind selbst betreuen, im selben Haushalt leben und bis zu höchstens 32 Stunden pro Woche arbeiten (September 2021).

Das Basiselterngeld kann bis zu 14 Monate bezogen werden; das ElterngeldPlus können Sie doppelt so lange bekommen. Mit dem Basiselterngeld erhalten Sie 65 Prozent Ihres Nettoeinkommens vor der Geburt, aber mindestens 300 Euro und maximal 1800 Euro im Monat. Das ElterngeldPlus ist halb so hoch, kann aber durch das Einkommen aus Teilzeitarbeit ergänzt werden.

Darüber hinaus können Sie vom Partnerschaftsbonus profitieren, wenn Sie und Ihr Partner sich die Betreuung Ihres Kindes partnerschaftlich aufteilen und beide über einen Zeitraum von vier Monaten in Teilzeit arbeiten (zwischen 25 und 30 Wochenstunden). Sie erhalten dann vier zusätzliche ElterngeldPlus-Monate pro Elternteil.

Zuständig für die Ausführung sind die von den Landesregierungen bestimmten Behörden.

Auch als **Selbstständige** können Sie Elterngeld beantragen. Da das Einkommen bei Selbstständigen schwankt, wird das Elterngeld anhand des letzten abgeschlossenen Wirtschaftsjahres errechnet (Abb. 3.2; Audiodatei 3.2).

> **Elterngeld-Rechner für Deutschland und alle nötigen Infos finden Sie auf**
>
> www.bmfsfj.de/elterngeldinfos oder www.familienpotal.de/erg
> Hier können Sie verschiedene Varianten durchspielen und bekommen so eine Einschätzung, wie hoch das Elterngeld in Ihrem Fall sein könnte:
> www.bmfsfj.de/elterngeldreform
> Hier können Sie die Anträge downloaden:
> www.familienportal.de/antraege
> https://elterngeld-digital.de

> https://www.firma.de/unternehmensfuehrung/mutterschaftsgeld-fuer-selbstaendige-unternehmerinnen-darauf-muessen-sie-achten/
> https://familienportal.de/familienportal/rechner-antraege/elterngeldrechner
> Hier finden Sie Erklärvideos zum Thema: https://www.bmfsfj.de/bmfsfj/themen/familie/familienleistungen/elterngeld

3.4 Welches Modell passt zu uns?

Wahrscheinlich werden Sie sich schon während Ihrer Schwangerschaft Gedanken machen, wie Sie die Karenzzeit bzw. die Elternzeit regeln und wann Sie in Ihren Job zurückkehren wollen. Dennoch ist es sinnvoll, die endgültige Entscheidung erst zu treffen, wenn Ihr Kind geboren ist. Natürlich ist es wichtig, dass Sie die notwendigen Fristen einhalten und Ihren Arbeitgeber rechtzeitig verständigen. Viele Eltern haben sehr konkrete Vorstellungen, wie ihr Leben mit einem Baby aussehen soll, aber manchmal lässt sich nicht alles bis ins kleinste Detail planen. Ich kenne Mütter, die vorhatten, möglichst schnell wieder in den Beruf zurückzukehren, doch als das Baby dann da war, konnten sie sich das plötzlich gar nicht mehr vorstellen. Umgekehrt gibt es Mütter, die trotz aller Liebe zum Kind nach kurzer Zeit sagen, dass ihnen die Decke auf den Kopf fällt, dass sie an ihre Grenzen stoßen und sich die Idylle „mit Baby zu Hause" einfach nicht einstellen will. Je höher die Position im Job, je schneller kehren Mütter in der Regel in ihren Beruf zurück. Hier geht es weniger um finanzielle Sorgen als um die Befürchtung, den Anschluss in der Firma zu verlieren. Je länger die Karenzzeit dauert, desto schwieriger wird die Rückkehr in den Job. Bei vielen Müttern und Vätern ist dieser Schritt mit Ängsten verbunden.

Dass deutlich weniger Männer in Karenz gehen, könnte damit zusammenhängen, dass man nach längerer Pause beim Wiedereinstieg in seinen Beruf mit Nachteilen konfrontiert wird. Mütter haben dies bis dato wohl oder übel so hingenommen – der berühmte Karriereknick ist leider Realität. Heute bezieht jeder dritte Vater in Deutschland Elterngeld und nimmt sich bewusst Zeit für die Familie, in Österreich ist es etwa jeder fünfte.

Auch sonst gibt es bei der Rückkehr in den Beruf viele neue Herausforderungen zu meistern, denn die Rahmenbedingungen haben sich mit einem Kind geändert. Vielleicht wollen Sie nicht mehr so oft auf Dienstreisen gehen, keine Nachtdienste ausüben oder können nicht ständig länger im Büro bleiben, weil Sie Ihr Kind pünktlich von der Tagesbetreuung abholen müssen. Außerdem wollen Sie trotz Job Zeit mit Ihrem Kind verbringen. Vor allem für Alleinerziehende sind die Herausforderungen groß, da die Last der Verantwortung für das Kind oft allein auf ihren Schultern liegt. Bei getrennt lebenden Paaren kann diese Last zwar etwas aufgeteilt werden, allerdings kommen zusätzliche organisatorische Hürden auf sie zu. Eine gute Kommunikation zwischen den Elternteilen sowie Vereinbarungen, auf die sie sich verlassen können, sind hier das A und O!

Möglicherweise hat sich nach der Babypause auch Ihr Arbeitsumfeld geändert. Vielleicht werden Sie mit neuen Aufgaben konfrontiert, bekommen neue Kollegen und Kolleginnen oder sogar einen neuen Chef oder eine neue Chefin. In unserer schnelllebigen Zeit müssen wir uns ständig an neue Situationen anpassen, also rechnen Sie lieber damit, dass es nach der Elternzeit Veränderungen in Ihrem Arbeitsumfeld gibt.

Manche Eltern nützen während der Kinderbetreuungszeit die Möglichkeit, in ihrem Job mit geringfügiger Arbeitszeit aktiv zu sein. Das heißt, sie erhalten weiterhin das

3 Mit Mama und Papa zu Hause

Elterngeld bzw. das Kinderbetreuungsgeld, sind aber für ein paar Stunden in der Woche für ihre Firma tätig. Es ist eine gute Möglichkeit, den Anschluss im Job nicht zu verlieren und am Ball zu bleiben.

Bevor Sie eine Entscheidung treffen, welches Karenzmodell oder Elternzeitmodell für Sie in Frage kommt, stellen Sie folgende Überlegungen an:

- Wie glücklich bin ich mit meinem Job und wie wichtig ist mir mein Job?
- Wie familienfreundlich ist mein Betrieb, wie verständnisvoll ist mein Chef oder meine Chefin?
- Sind meine Arbeitszeiten mit einem kleinen Kind zu vereinbaren?
- Welche Betreuung wünsche ich für mein Kind?
- Werde ich zusätzliche Unterstützung brauchen, wenn ich wieder arbeite?
- Kann ich mir vorstellen, mein Baby von jemand anders betreuen zu lassen, und wenn ja, ab welchem Alter?
- Wie sehen meine Zukunftspläne aus? Will ich eine berufliche Veränderung?
- Habe ich Lust auf Umschulung oder Weiterbildung?

> **Praktische Tipps**
> - Bleiben Sie mit Ihrem Arbeitgeber in Kontakt, wenn Sie wieder zurück in den gleichen Job wollen.
> - Checken Sie Ihre finanzielle Situation, erstellen Sie ein Haushaltsbudget.
> - Bedenken Sie bei der Planung den Zeitpunkt der Geburt Ihres Kindes und wann das Karenzjahr/Elternjahr endet. Ist Ihr Kind zum Beispiel im März geboren und Sie wollen ein Jahr Karenz/Elternzeit in Anspruch nehmen, könnte es schwierig werden, zu diesem Zeitpunkt, also im März, einen Krippenplatz zu bekommen. Die meisten Plätze werden im September vergeben.

- Darüber hinaus ist es nicht so leicht, einen guten Kinderbetreuungsplatz für Kleinstkinder zu ergattern. Informieren Sie sich rechtzeitig und machen Sie sich möglichst bald auf die Suche nach einem geeigneten Platz für Ihr Kind.

Bei all Ihren Überlegungen wird das Wichtigste dennoch Ihr Kind bleiben. Egal wie lange Sie Ihre Karenz oder Elternzeit planen, ob Sie als Papa oder Mama die hauptsächliche Betreuung übernehmen oder dies partnerschaftlich teilen oder ob Sie bald wieder berufstätig sind: Sie möchten sicherlich das Beste für Ihr Kind. Genießen Sie die gemeinsame Zeit mit Ihrem Baby. Versuchen Sie möglichst viel von Ihrer verbleibenden freien Zeit bewusst mit ihrem Kind zu verbringen, indem Sie ihm Ihre volle Aufmerksamkeit schenken. Nutzen Sie die Zeit der pflegenden Tätigkeiten, wie zum Beispiel Windel wechseln, baden, füttern usw., um mit voller Aufmerksamkeit bei Ihrem Baby zu sein. Ihr Kind spürt ganz genau, wann Sie sich vollkommen ihm widmen und wann Sie mit den Gedanken woanders sind.

Beispiel

Luisa sitzt auf dem Schoß ihrer Mama und sie schauen gemeinsam ein Bilderbuch an. Luisa zeigt auf verschiedene Bilder, doch ihre Mama antwortet mechanisch, denn ihre Gedanken sind bei ihrem Projekt für die Arbeit. Schon nach kurzer Zeit beginnt Luisa zu quengeln und verliert das Interesse am Buch. Sie will vom Schoß der Mutter runter, denn sie hat schnell gespürt, dass ihre Mama nicht bei der Sache ist.

Natürlich lassen sich solche Situationen nicht immer vermeiden und manchmal wird es auch nötig sein, schnell mal eine Windel zu wechseln, ohne dabei liebevoll das Bäuchlein zu streicheln. Sie brauchen deshalb kein schlechtes Gewissen zu haben, aber seien Sie achtsam und machen Sie sich Ihr Verhalten in den verschiedenen Situationen bewusst. Nicht die Quantität der Zeit ist ausschlaggebend für eine gute Eltern-Kind-Beziehung und die gesunde Entwicklung Ihres Kindes, sondern die Qualität der Zeit, die Sie mit Ihrem Kind verbringen. Es gibt sogar Studien, die belegen, dass Kinder von berufstätigen Eltern mehr Zuwendung bekommen als Kinder von nichtberufstätigen Eltern (Andresen, Hurrelmann. World Vision Kinderstudie 2007)(Abb. 3.3).

Abb. 3.3 Mutter und Baby im Kontakt beim Wickeln (© zzzdim/stock.adobe.com)

3.4.1 Homeoffice oder Büro

Homeoffice ist keine Neuerfindung, aber definitiv seit Corona in aller Munde. Für die meisten berufstätigen Eltern ist es eine wahre Herausforderung, Kinderbetreuung und Büro zu Hause zu vereinbaren. Vor allem Alleinerzieher*innen hatten es besonders schwer. Dass Homeoffice nicht mit Kinderbetreuung gleichzusetzen ist und wie wichtig Kinderbetreuungseinrichtungen für unsere Gesellschaft sind, wurde uns während der Coronakrise wieder deutlich gemacht.

Dennoch machen viele Familien auch gute Erfahrungen mit Homeoffice und wollen gerne diese Möglichkeit beibehalten, zumindest für einen Teil ihrer Arbeitszeit. Selbstverständlich lässt es sich noch besser von zu Hause aus arbeiten, wenn die Kinder wieder in Schule, Kita und Krippe sind.

Im Vorfeld der Geburt ist es schwer einzuschätzen, ob eine berufliche Tätigkeit im Homeoffice neben dem Kind gut funktionieren wird oder nicht. Gerade die geringfügige Tätigkeit während der Elternzeit wird gern im Homeoffice genutzt. Es hängt von verschiedenen Faktoren ab, unter anderem vom Schlafbedarf Ihres Babys, ob sie nebenbei arbeiten können oder nicht.

So wie das Schlafbedürfnis bei Erwachsenen sehr unterschiedlich ausgeprägt ist, gibt es auch bei Babys große Unterschiede beim Schlaf-Wach-Rhythmus. Von 14 Stunden bis zu 20 Stunden Schlaf beim Neugeborenen ist alles möglich. Auch die Längen der Schlafphasen können stark differenzieren. Eine große Rolle wird auch spielen, ob Ihr Baby nach wenigen Wochen durchschläft oder ob es noch nach Monaten mehrmals in der Nacht aufwacht. Bekommen Sie nachts wenig Schlaf, werden Sie tagsüber wahrscheinlich nicht sehr leistungsfähig sein. Die Entwicklung zu einem regelmäßigen Schlaf-Wach-Rhythmus geschieht, wie jede andere Entwicklung auch, unterschiedlich schnell. Manche Säuglinge entwickeln diesen Rhythmus von allein und haben bald ein inneres Bedürfnis nach Regelmäßigkeit; andere brauchen die Unterstützung der Eltern, um ihre körperlichen und psychischen Aktivitäten an einen Tag-Nacht-Rhythmus anzupassen. Sie können Ihrem Baby dabei helfen, indem Sie den Tagesablauf möglichst regelmäßig gestalten.

Sollten Sie also planen, während der Karenzzeit oder nach der Geburt Ihres Babys im Homeoffice zu arbeiten, achten sie darauf, dass ein regelmäßiger Rhythmus entsteht. Idealerweise haben Sie Unterstützung von Ihrem Partner, von Großeltern etc. Sie planen zum Beispiel jeden Mittwoch Homeoffice, denn da kann der Opa zu Besuch kommen und sich um Ihr Kind kümmern, während Sie arbeiten.

Überlegungen zum Thema Homeoffice
- Wie flexibel kann ich meine Zeit einteilen?
- Wann könnte ich fixe Arbeitszeiten einplanen?
- Kann ich auf Unterstützung zählen? (Partner, Großeltern, Kindermädchen)
- Habe ich die Möglichkeit, ungestört Audio- oder Videokonferenzen abzuhalten oder Telefonate zu führen?
- Habe ich einen geeigneten Arbeitsplatz?
- Wie verständnisvoll und familienfreundlich ist meine Firma?
- Was ist mein Plan B, sollte die Arbeit zu Hause schwerfallen?
- Kann ich Job und Familie gut genug trennen?

Homeoffice – Vorteile
- Der Arbeitsweg fällt weg, das spart Zeit.
- Es ist kein frühes Aufwecken vom Kind notwendig, um rechtzeitig in der Firma zu sein.

- Die Nähe zum Kind ist gegeben, auch wenn eine andere Person während des Homeoffice auf das Baby aufpasst. Das vermittelt Eltern und Baby ein Sicherheitsgefühl, welches vor allem am Anfang gebraucht wird.
- Die Arbeitszeiteinteilung ist flexibler gestaltbar. Eltern können die Zeit nutzen, während das Baby schläft.
- Die Hausarbeit ist leichter integrierbar. Zum Beispiel kann während einer kurzen „Nachdenkpause" die Wäsche aufgehängt oder der Geschirrspüler ausgeräumt werden.

Homeoffice – Nachteile
- Die Abgrenzung von Privat zu Job fällt manchmal schwerer, wenn das Zuhause zum Arbeitsplatz wird.
- Es gibt kaum Austausch mit Kollegen. Das kann dazu führen, dass Sie sich isoliert fühlen.
- Sie brauchen mehr Selbstdisziplin, um sich zu Hause Ihre Arbeitszeit einzuteilen und sich nicht ablenken zu lassen. Vielen fällt es in einem Büro leichter als zu Hause, die vorgegebenen Arbeitszeiten einzuhalten.
- Die Konzentration kann leiden, wenn Sie oft gestört werden oder Ihr Arbeitsfluss unterbrochen wird. Es klingelt an der Tür, das Baby weint, die Katze springt auf den Tisch und stößt die Vase um …, ich glaube, wir kennen alle genug Beispiele (Abb. 3.4).
- Ihr Arbeitsplatz zu Hause ist vielleicht ungeeignet und auf Dauer gesundheitsschädlich (zum Beispiel: Tisch zu hoch, Sie haben keinen Bürosessel).

3.4.2 Familienfreundlichkeit im Unternehmen

Für viele junge Beschäftigte ist heute Familienfreundlichkeit im Unternehmen wichtiger als das Gehalt. Viele

3 Mit Mama und Papa zu Hause

Abb. 3.4 Vater versucht, mit Baby und Katze im Homeoffice zu arbeiten (© Ekaterina/stock.adobe.com)

Unternehmen berücksichtigen heute dieses Bedürfnis, denn sie wollen zufriedenes und gutes Fachpersonal. Es ist erwiesen, dass entspannte Mitarbeiter*innen, die sich weniger Sorgen um Kind und Familie machen müssen, bessere Leistungen erbringen und auch weniger oft krank werden. Ob Vereinbarkeit von Kind und Job im Betrieb gut gelingt, hängt stark von den Führungskräften und der Kommunikation im Betrieb ab. In Deutschland und in Österreich gibt es immer mehr männliche und weibliche Führungskräfte in renommierten Firmen, die als Vorbilder fungieren und die Vereinbarkeit von Familie und Beruf vorleben. Wenn Ihr Chef am Nachmittag seinen Arbeitsplatz verlässt, um sein Kind von der Krabbelstube abzuholen, ist das für Sie wahrscheinlich beruhigend zu sehen und hat für Mitarbeiter*innen eine deutliche Vorbildfunktion. Sitzt Ihnen aber Ihr Chef ständig im Nacken, während Sie auf die Uhr schauen, weil Sie Ihr Kind von der Krippe abholen müssen, werden Ihre Konzentration und Effizienz womöglich nachlassen.

Zu einer modernen Unternehmenskultur gehört nicht nur Verständnis für die Familien, sondern auch Flexibilität und vor allem ein Umdenken bezüglich der Präsenz am Arbeitsplatz. Alleinige Anwesenheit am Arbeitsplatz garantiert noch kein gutes Arbeitsergebnis. Nicht die Zeit, die wir am Arbeitsplatz verbringen, sollte ausschlagend sein, sondern das Ergebnis muss zählen.

In Deutschland wurde das Unternehmungsnetzwerk „Erfolgsfaktor Familie" gegründet (https://www.erfolgsfaktor-familie.de/). Dieser Initiative schließen sich Unternehmen an, die Familienfreundlichkeit in die Praxis umsetzen.

3.4.3 Weiterbildung während der Elternzeit

Vielleicht wünschen Sie sich nach einiger Zeit zu Hause mit Baby wieder etwas mehr Abwechslung? Oder wollen Sie sich für den Wiedereinstieg in Ihren Beruf fit machen oder streben Sie womöglich sogar einen Jobwechsel an?

Weiterbildungen sind eine gute Möglichkeit, sich optimal auf die Rückkehr in den Job vorzubereiten.

In Deutschland und Österreich ist es erlaubt, dass Sie während der Karenz- und Elternzeit eine Aus- oder Weiterbildung absolvieren. Der Elterngeldbezug bleibt bestehen.

In vielen Fällen übernimmt der Arbeitgeber die Fortbildungskosten, aber auch verschiedene Institutionen oder Bund und Länder bieten finanzielle Unterstützung.

Die Aus- und Weiterbildungen sind sehr vielfältig und auch hier gibt es ein breites Angebot an Onlinekursen und Fernstudien. Die Vor- und Nachteile des E-Learnings in Kombination mit Kinderbetreuung ähneln dem des Homeoffice. Die Zeiteinteilung können Sie zwar freier und flexibler gestalten und Sie sind in der Nähe Ihres Babys, aber die Ablenkung ist groß und häufige Unterbrechungen stören wahrscheinlich Ihren Lernerfolg.

Wenn Sie ein Seminar buchen, wo Ihre Anwesenheit vor Ort erforderlich ist, müssen Sie die Betreuung Ihres kleinen Kindes vorher regeln. Meistens bleibt ohnehin noch genug für zu Hause zu tun, etwa das Lernen für Prüfungen etc.

> **Tipps für die Weiterbildung während der Elternzeit**
> - Wie viel Zeit kann ich investieren?
> - Kann ich bei der Kinderbetreuung auf Unterstützung zählen? Partner, Großeltern, Babysitter?
> - Welche Kosten kommen auf mich zu, gibt es Förderungen?
> - Lerne ich lieber von zu Hause aus oder bevorzuge ich Seminare und Kurse vor Ort?
> - Was will ich durch die Weiterbildung erreichen?
> - Infos für Österreich: https://erwachsenenbildung.at/bildungsinfo/kursfoerderung/ Wien: www.waff.at
> - Infos für Deutschland: https://www.bafög.de/

4

Tagesmütter und Tagesväter sind die Besten

Inhaltsverzeichnis

4.1 Über das Berufsbild 49
4.2 Welche Qualifikationen muss eine Tagesmutter/ein Tagesvater erfüllen? 53
4.3 So finden Sie die richtige Tagesmutter bzw. den richtigen Tagesvater 56
4.4 Die ersten Wochen bei der Tagesmutter oder dem Tagesvater 59
4.5 Anregungen für den guten Umgang miteinander 61
4.6 Vor- und Nachteile 63
4.7 Kosten 66
4.8 Hilfreiche Links 66

In diesem Kapitel stelle ich die Kleinkindbetreuung bei Tageseltern vor. Was macht eine gute Tagesmutter, einen guten Tagesvater aus, welche Qualifikationen müssen sie mitbringen? Was sollen Eltern beachten, damit diese Art der außerfamiliären Betreuung gut funktioniert? Ich erläutere die Vor- und Nachteile und gebe Tipps für die Praxis.

„Die Tür fiel zu und ich hörte Mia weinen. Ich blieb vor der geschlossenen Haustüre unserer Tagesmutter stehen und horchte. Nach fünf Minuten war es ruhig und ich ging mit gemischten Gefühlen ins Büro, das nur wenige Gehminuten entfernt war.

© Der/die Autor(en), exklusiv lizenziert an Springer-Verlag GmbH, DE, ein Teil von Springer Nature 2022
S. Marega, *Baby, Kleinkind und Job*,
https://doi.org/10.1007/978-3-662-63770-8_4

Ständig checkte ich mein Handy, aber ein Anruf oder eine SMS von Karin blieb zum Glück aus.

Ich heiße Daniel, bin aus Tirol und arbeite in der IT-Branche. Meine Frau Anna, die aus Deutschland stammt und vor Kurzem ihr Medizinstudium beendet hat, bekam eine Stelle in einem Wiener Krankenhaus, und so sind wir nach Wien gezogen. Unsere Tochter Mia ist jetzt ein Jahr alt und besucht seit ihrem neunten Lebensmonat eine Tagesmutter. Ursprünglich war geplant, dass ich ab dem sechsten Monat bis zum ersten Geburtstag von Mia in Karenz gehe und nebenbei einige Stunden für meine Firma im Homeoffice weiterarbeite. Aber ich merkte schnell, dass ich an meine Grenzen stieß. Mia ist zwar ein sehr ruhiges, ausgeglichenes Baby, sie war aber gerade dann quengelig, wenn ich mich an den Computer setzte, sie schlief kürzer als geplant oder bekam während eines Online-Teammeetings Bauchschmerzen. Ich hatte ständig das Gefühl, meinen Aufgaben nicht gerecht zu werden. Da Anna in ihrem Beruf sehr gefordert ist, war ich schon dabei, meinen Job ganz aufzugeben, denn wir wollten Mia nicht in eine Krippe geben. Außerdem gab es keinen passenden Krippenplatz in der Nähe.

Wir hatten großes Glück, denn durch einen Zufall lernten wir Tagesmutter Karin kennen. Sie wohnt in der Nähe meiner Arbeitsstelle und war gerade auf der Suche nach einem weiteren Tageskind. Sie wollte zwar ursprünglich kein Kind unter einem Jahr aufnehmen, aber wir vereinbarten trotzdem einen Probetag, denn es war von Anfang an große Sympathie da. Karin übt ihren Beruf als Tagesmutter seit zehn Jahren aus, ihre eigenen zwei Kinder sind schon erwachsen und das Kinderzimmer gehört jetzt ganz den Tageskindern. Insgesamt betreut Karin derzeit vier Kinder, einen Buben mit drei Jahren, zwei Mädchen von etwa zwei Jahren und jetzt auch Mia. Keine leichte Aufgabe, wie wir meinen, aber wir haben großes Vertrauen in Karin und finden es toll, dass sie fast jeden Tag mit den Kindern auf den Spielplatz geht und nebenbei noch

kocht. Während der sehr sanften Eingewöhnungszeit haben wir gespürt, dass Karin sehr einfühlsam ist und dass die Kinder von dieser kleinen familiären Gemeinschaft sehr profitieren.
Mia ist jetzt viermal in der Woche für fünf Stunden in Betreuung bei Karin. Für unsere eigene kleine Familie ist das eine große Entlastung, denn wir haben auch keine Großeltern in der Nähe, auf deren Unterstützung wir zählen könnten."

4.1 Über das Berufsbild

Verabschieden wir uns von dem Bild der Hausfrau, die neben ihren eigenen Kindern noch fremde Kinder zu Hause mitbetreut, um ein wenig Geld dazuzuverdienen. Das Berufsbild der Tagesmutter/des Tagesvaters hat sich in den letzten Jahren zum Glück zum Positiven gewandelt!

Kleine Kinder zu betreuen, zu erziehen und zu fördern gehört zu den wichtigsten, anspruchsvollsten, aber auch schönsten Herausforderungen. Ich halte es deshalb für absolut richtig, dass Personen, die sich dieser Aufgabe stellen und sie auch professionell ausüben, auf ihre entsprechende Eignung geprüft werden und eine Ausbildung absolvieren müssen, und da gehören Tagesmütter und Tagesväter nun mal dazu.

Tagesmütter, Tagesväter – in Österreich gerne auch Tageseltern genannt, in Deutschland spricht man von Kindertagespflege – sind ein Kinderbetreuungsmodell, das im Großteil Europas existiert. Die gesetzlichen Bestimmungen sind je nach Land und Region sehr unterschiedlich, dennoch gibt es in allen Ländern Bestrebungen, dieses Angebot der Kinderbetreuung gleichberechtigt neben öffentlichen Kinderbetreuungseinrichtungen zu etablieren. Sowohl in Österreich als auch in Deutschland wurden in den letzten Jahren viele Anstrengungen unternommen, um das Berufsbild der Tagesmutter und des Tagesvaters aufzuwerten und um eine qualitätsvolle Kinderbetreuung sicherzustellen. Verbesserungen in der Qualifizierung, bessere Arbeitsbedingungen (Bezahlung, Fachberatung, Fortbildung der Tagesmütter und Tagesväter), gute Vernetzung und fachliche Aufsicht sorgen für höhere Betreuungsqualität, die allgemein anerkannte wissenschaftliche Erkenntnisse der Pädagogik inkludiert und die Grundsätze der gewaltlosen Erziehung respektiert.

Angesichts des steigenden Bedarfs an Betreuung von Kindern unter drei Jahren ist die Kindertagespflege beziehungsweise die Betreuung durch Tagesmütter und Tagesväter eine beliebte Ergänzung zu Kindertagesstätten und Kinderkrippen. Dieses Modell der familienähnlichen Betreuung unterstützt und entlastet Eltern und bietet eine altersspezifische individuelle Förderung der Tageskinder.

Was genau machen nun Tageseltern, was heißt Kindertagespflege?

Wie oben erwähnt, wird die Kinderbetreuung bei Tageseltern in den verschiedenen Regionen zwar unterschiedlich gehandhabt, dennoch gibt es viele länderübergreifende Gemeinsamkeiten und ähnliche Gesetze, damit die Kindertagespflege neben anderen Kinderbetreuungseinrichtungen eine gleichwertige Form der Kinderbetreuung darstellt. Diese Gemeinsamkeiten möchte ich hier herausstreichen, denn sie zu kennen ist relevant und hilfreich für Sie als Eltern.

In Österreich sowie in Deutschland benötigen Tageseltern eine Pflegeerlaubnis oder eine Bewilligung vom Amt für Jugend und Familie. Das Jugendamt prüft also die Eignung derjenigen Personen, die einen Antrag auf Betreuung von Tageskindern stellen. Das heißt, nicht jede Person kann einfach so behaupten, gegen Entgelt Ihr Kind betreuen zu

4 Tagesmütter und Tagesväter sind die Besten

können. Die entgeltliche Betreuung ohne Bewilligung ist sogar strafbar. Wenn Sie bei der ersten Begegnung mit der Tagesmutter/dem Tagesvater Zweifel hegen, fragen Sie am besten nach einem amtlichen Bescheid. Tageseltern können selbstständig arbeiten oder im Angestelltenverhältnis tätig sein. In Österreich gibt es mehrere Trägervereine, die Tageseltern anstellen, sich um die arbeits- und sozialrechtliche Absicherung kümmern und bei der Vermittlung von Tageskindern unterstützen. Zu den bekanntesten zählen Volkshilfe, Hilfswerk, Kinderdrehscheibe und Eltern für Kinder Österreich. Eltern können direkt bei den Trägervereinen nach freien Tagesbetreuungsplätzen suchen. In Deutschland gibt es den Bundesverband für Kindertagespflege, einen Dach- und Fachverband, der die Kooperation mit Ämtern in Bund und Ländern und diversen Bildungseinrichtungen anstrebt und besonderes Augenmerk auf die Qualität der Kindertagespflege legt.

In einer Familie dürfen einschließlich der eigenen Kinder maximal fünf Kinder (bei älteren Kindern in manchen Bundesländern bis zu sieben Kinder) gleichzeitig betreut werden. Die Höchstzahl der Kinder wird in der Bewilligung festgelegt. Die Betreuung der Kinder erfolgt meistens im eigenen Haushalt; die Eignung der Räumlichkeiten wird ebenfalls überprüft.

Tagesvater – die Ausnahme
Dass zu über 90 Prozent Frauen diesen Beruf ausüben, ist sicherlich keine Überraschung für Sie. Eher die Tatsache, dass es auch Tagesväter gibt. Aber es gibt sie, auch wenn sie in Österreich und Deutschland eine Minderheit darstellen. Etwas fortschrittlicher sind die nördlichen Länder Europas, aber auch da gibt es noch viel Luft nach oben.

Einerseits mag das am bescheidenen Gehalt liegen, andererseits wohl auch daran, dass das Bild eines männlichen Betreuers, vor allem bei der Arbeit mit Kleinkindern, in unserer Gesellschaft noch nicht selbstverständlich ist. Klischeehafte Denkmuster sind eben nicht so leicht aus unseren Köpfen zu verbannen. Kein Wunder, denn wenn die Vorbilder für die Kinder vor allem in der Elementarpädagogik zum überwiegenden Teil weiblich sind, ist das ein Kreislauf, der nur mit mehr Mut und Offenheit zu durchbrechen ist.

Ein Tagesvater sagt in einem Interview: „Die Tatsache, dass ich ein Mann bin, sei weder ein Grund für mich noch gegen mich. Die Leute kommen nicht zu mir weil sie einen Tagesvater suchen, sondern weil sie gute Betreuung für ihre Kinder wollen.", meint Michael Rajiv Shah in einem Interview im Kurier. „Die Leute kommen nicht zu mir, weil sie einen Tagesvater suchen, sondern weil sie eine gute Betreuung ihrer Kinder suchen." Nach 30 Jahren in der Wirtschaft hat er den für sich optimalen Beruf als Tagesvater gefunden (Oppitz 2020/Kurier).

Männliche Vorbilder in der Pädagogik, die sich genauso liebevoll und einfühlsam wie ihre weiblichen Kolleginnen um unsere Kleinsten kümmern, leisten einen wichtigen Beitrag für unsere Gesellschaft und helfen, überholte Rollenbilder zu durchbrechen (Siehe auch Abschn. 5.2.1: Die Rolle der Krippenbetreuer*innen).

Mobile Tageseltern – eine Sonderform
Mobile Tageseltern sind ausgebildete Tagesmütter oder Tagesväter, die die Kinder in ihrem gewohnten Umfeld, also bei den Familien zu Hause, betreuen, weil die eigenen Wohnverhältnisse für die Betreuung mehrerer Kinder nicht geeignet sind oder ein Beruf außer Haus angestrebt wird. Bei manchen Trägervereinen können sie auch bei anderen Tagesmüttern und Tagesvätern einspringen. Das hat für Eltern den großen Vorteil, dass bei Verhinderung der Tagesmutter auf einen Ersatz gehofft werden darf.

> **Beispiel**
>
> Ihre Tagesmutter bricht sich den Arm. Allein kann sie unmöglich fünf Kinder betreuen, und ca. 4 Wochen Krankenstand bedeuten für Sie als berufstätige Eltern eine Katastrophe. Da kommt die mobile Tagesmutter zum Einsatz. Für alle Beteiligten eine optimale Lösung, vor allem auch für die Kinder, die weiterhin in der vertrauten Umgebung betreut werden und wo eine Bezugsperson anwesend ist.

Wenn Sie als Unterstützung für zu Hause oder statt einem Babysitter eine mobile Tagesmutter oder einen mobilen Tagesvater suchen, können Sie das ebenfalls über die oben genannten Trägervereine tun.

4.2 Welche Qualifikationen muss eine Tagesmutter/ein Tagesvater erfüllen?

Immer wieder werde ich von Eltern gefragt, was eine gute Tagesmutter, einen guten Tagesvater ausmacht und wie sie einer fremden Person vertrauen sollen. Grundsätzlich gibt es so einige Voraussetzungen und Fähigkeiten, die Tageseltern mitbringen müssen, damit sie den Beruf überhaupt ausüben dürfen. Ich werde hier auf diese Qualifikationen genauer eingehen und hoffe, dass ich dadurch Ihr Vertrauen in dieses Betreuungsmodell stärken kann. Sie wissen dann besser darüber Bescheid, worauf Sie achten müssen, wenn Sie sich auf die Suche nach Tageseltern machen.

Woran Sie erkennen, dass die Tagesmutter/der Tagesvater qualifiziert ist
- Pädagogische Qualifizierung: Die Ausbildungsbereiche für Tageseltern beinhalten unter anderem Pädagogik,

Didaktik, Entwicklungspsychologie, Kommunikation, Gesundheit, Ernährung sowie ein Praktikum und einen Erste-Hilfe-Kurs. Die Ausbildungszeit wurde sowohl in Österreich als auch in Deutschland angehoben (Ö: 400 Stunden, D: 300 Stunden, Stand 2021).

- Räumlichkeiten und Ausstattung: Die Tagesmutter ist nicht verpflichtet, Eltern ihre gesamten privaten Räumlichkeiten zu zeigen. Die Zimmer und Spielbereiche, die für die Mitbenutzung der Tageskinder vorgesehen sind, dürfen Eltern natürlich schon besichtigen. Die Ausstattung der Räumlichkeiten soll kindgerecht und altersentsprechend sein. Es muss ausreichend Platz zum Spielen und für Bewegung geben, zudem müssen auch Schlaf- und Rückzugsmöglichkeiten vorhanden sein. Fragen Sie nach dem Angebot an Spiel- und Beschäftigungsmaterial. Es muss natürlich dem Alter der Kinder angepasst und ausreichend vorhanden sein, auch wenn die eigenen Kinder der Tageseltern schon älter sind. Die Wohnung oder das Haus der Tageseltern muss so gestaltet sein, dass Tageskinder vor Gefahren geschützt sind. Sie können davon ausgehen, dass die Wohnung einer Tagesmutter oder eines Tagesvaters sicherer als Ihre eigene ist.
- Familiäre Situation und persönliche Eignung: Die physische und psychische Gesundheit der Tagesmutter oder des Tagesvaters wird geprüft. Soll heißen: Tagesmutter/Tagesvater müssen für die Bewilligung eine Strafregisterbescheinigung und ein ärztliches Attest vorlegen. Die familiäre Situation spielt ebenfalls eine Rolle. Zum Beispiel wird hinterfragt: Befinden sich eigene Kinder im Haushalt? Sind alle Familienmitglieder mit der Situation einverstanden? Wenn Sie als Eltern diesbezüglich Bedenken haben, fragen Sie ruhigen Gewissens nach den Familienangehörigen. Wer wohnt alles im gemeinsamen Haushalt, mit wem – außer der Tagesmutter/des Tagesvaters – wird Ihr Kind noch Kontakt haben?

Abb. 4.1 Kind füttert Kind im Spiel (© Oksana Kuzmina/stock.adobe.com)

- Tagesbetreuungskonzept: Die Tagesmutter/der Tagesvater muss ein Konzept erstellen, das die Grundlage für die Betreuung von Tageskindern im eigenen Haushalt darstellt. Die Tageseltern machen sich also im Vorfeld Gedanken zu folgenden Themen: ihre eigene Motivation, die Gestaltung des Tagesablaufs, die Anzahl der betreuten Kinder, Beschreibung der Aufenthalts-, Spiel,- Ess- und Schlafbereichs, eigene familiäre Verpflichtungen, Spiel und Beschäftigungsmöglichkeiten. Lassen Sie sich ruhig ein wenig von diesem Konzept erzählen, schlimmstenfalls hält Sie die Tagesmutter/der Tagesvater für überfürsorglich (Abb. 4.1).

Laufende Auflagen für Tageseltern
Damit Tageseltern Ihre Bewilligung behalten dürfen, gibt es laufende Kontrollen und je nach Ländern diverse Auflagen. In Wien beispielsweise gibt es mindestens einmal im Jahr einen Aufsichtsbesuch von Mitarbeiter*innen des

Kindergartenreferats oder des Sozialamts. Auch die Trägervereine führen Aufsichtsbesuche durch. Bei so einem Kontrollbesuch wird zum Beispiel die Wohnung auf Sicherheit und Hygiene geprüft, die familiäre Situation wird hinterfragt und eventuell aufgetreten Probleme werden besprochen. Tageseltern wird auch Supervision angeboten, und manchmal gibt es Treffen mit anderen Tageseltern, denn Austausch und Reflexion sind, wie in jedem anderen Beruf auch, sehr wichtig. Eine Fortbildung im Ausmaß von etwa 20 Wochenstunden pro Jahr muss ebenso absolviert werden.

Sie sehen also, liebe Eltern, Tagesmutter/Tagesvater ist eine Profession, die nicht jeder ausüben kann und darf. Es gibt Gesetze, die strengstens eingehalten werden müssen. Gesetze sind das eine, das Zwischenmenschliche ist eine andere Geschichte, darauf komme ich noch zu sprechen.

4.3 So finden Sie die richtige Tagesmutter bzw. den richtigen Tagesvater

Beginnen sie früh genug mit der Suche!
Eltern haben es nicht leicht, wenn sie den passenden Platz für ihr Kind bei Tageseltern suchen. Um fündig zu werden, braucht es wohl auch die Portion Glück, denn die Nachfrage an Kinderbetreuungsplätzen für Kinder von null bis drei Jahren ist größer als das Angebot. Deshalb beginnen Sie am besten schon während Ihrer Schwangerschaft mit der Suche. Für die Wahl sollte der Standort der Tageseltern passen, der sich für Eltern im Optimalfall entweder in der Nähe des Wohnortes oder in der Nähe des Arbeitsplatzes befindet. Darüber hinaus spielen die Betreuungszeiten eine

Rolle, und der Kostenpunkt ist auch nicht außer Acht zu lassen. Außerdem können oder wollen manche Tagesmütter oder Tagesväter aus organisatorischen Gründen keine Kinder unter einem Jahr betreuen. Sympathisch und fachlich kompetent sollen die Tageseltern auch noch sein, oder? Wer will schon sein Kind jemanden anvertrauen, der einem unsympathisch oder inkompetent erscheint?

Haben dann Eltern eine Tagesmutter oder einen Tagesvater ausfindig gemacht, heißt das noch nicht, dass es zu einem Vertragsabschluss zwischen Eltern und Tagesmutter/Tagesvater kommt. Viele offene Fragen müssen beim Erstgespräch, welches in der Wohnung der Tageseltern stattfindet, geklärt werden. Oft wird ein Probemonat angeboten, in dem ohne Begründung beiderseitig gekündigt werden kann. Möglicherweise haben Sie von Bekannten eine sehr sympathische Tagesmutter empfohlen bekommen, beim Erstgespräch aber festgestellt, dass jene so gar nicht ihren Vorstellungen entspricht? Auch in der Kindertagespflege gilt: Was für den einen gut ist, muss von jemand anderem noch lange nicht ebenso empfunden werden.

Verlassen Sie sich auf Ihr Bauchgefühl
Sie können sich dabei bis zu einem gewissen Grad auf Ihr Bauchgefühl verlassen, schließlich geht es um Ihr Kind, dass je nach Betreuungsvereinbarung mehr oder weniger viel Zeit in familiärer Umgebung verbringen wird, die nicht die Ihre ist. Wie in allen Familien gibt es auch bei Tageseltern sehr unterschiedliche Wertvorstellungen, Regeln und Grenzen, und trotz vieler gesetzlicher Vorschriften für Tageseltern gibt es doch beträchtliche Unterschiede im Angebot. Die Sympathie spielt bei der Tagesmutter/dem Tagesvater eine größere Rolle als zum Beispiel in einem Kindergarten, wo es mehrere Betreuungspersonen gibt.

Machen Sie sich Gedanken über Ihre eigenen Werte und was Ihnen besonders wichtig sind

Sind Sie zum Beispiel überzeugter Vegetarier, aber bei der Tagesmutter steht des Öfteren Fleisch auf dem Speiseplan, wird es notwendig sein, dass Sie dieses Thema ansprechen. Möglicherweise zeigt die Tagesmutter/der Tagesvater Verständnis und ändert den Speiseplan, oder sie/er kocht für Ihr Kind extra. Dennoch sollten Sie sich als Eltern bewusst sein, dass andere Werte vermittelt werden. Kinder können zwar sehr gut mit unterschiedlichen Regeln umgehen und zwischen zu Hause und der Welt draußen unterscheiden, aber: Was wollen SIE tolerieren und wo liegen IHRE Grenzen?

Fragen und Themen beim Erstgespräch

Abgesehen von Fragen zu organisatorischen Themen – wie Bring- und Abholzeiten, Regelungen im Krankheitsfall und Urlaub, Zahlungsmodalitäten und Betreuungsumfang – dürfen Sie als Eltern ruhig persönliche Fragen stellen, zum Beispiel, welches Spielangebot es gibt, ob Ausflüge gemacht werden, welche Regeln es gibt, wo die Kinder die Möglichkeit haben, zu schlafen und so weiter. Viele dieser Punkte werden ohnehin von der Tagesmutter, dem Tagesvater angesprochen, aber wenn Sie gut vorbereitet in das Erstgespräch gehen und dadurch alle wichtigen Themen zur Sprache kommen, werden spätere Missverständnisse vermieden.

Tipps für Fragen beim Erstgespräch

- Welche Ausbildung und Erfahrung hat die Tagesmutter/der Tagesvater?
- Wie viele Kinder werden gleichzeitig betreut und wie alt sind sie?

- Sind eigene Kinder anwesend, gibt es familiäre Verpflichtungen?
- Welche Regeln und Grenzen gibt es?
- Wie sieht der Tagesablauf aus? Gibt es feste Schlafenszeiten?
- Wie sind die Mahlzeiten geregelt, was wird in der Regel gekocht?
- Gibt es Park- und Spielplatzbesuche und Ausflüge?
- Was sind die Spiel- und Bewegungsangebote?
- Welche Räumlichkeiten dürfen von den Tageskindern genutzt werden?
- Wie läuft die Eingewöhnung ab?
- Wie hoch sind die Kosten?
- Gibt es Vertretung bei Ausfall der Tagesbetreuung?
- Sprechen Sie die Bedürfnisse und Gewohnheiten Ihres Kindes an.

4.4 Die ersten Wochen bei der Tagesmutter oder dem Tagesvater

Planen Sie genug Zeit für die Eingewöhnung ein

Ein besonders wichtiges Thema ist die Eingewöhnungsphase. Je jünger Ihr Kind ist, desto behutsamer wird die Eingewöhnung ablaufen. Die Loslösung folgt in der Regel in kleinen Schritten. Besprechen Sie mit der Tagesmutter, wie sie die Eingewöhnungszeit üblicherweise gestaltet. Eine gewisse Flexibilität und eine individuelle Eingewöhnung müssen möglich sein. Jedes Kind reagiert anders, und im Vorfeld ist schwer einschätzbar, wie Ihr Kind auf die Trennung von Ihnen reagieren wird. Eltern und Tageseltern sollten eine vierwöchige Eingewöhnungsphase einplanen, damit kein zusätzlicher Druck entsteht. Wenn alles gut läuft, haben Sie gegen eine Verkürzung der Eingewöhnungszeit bestimmt nichts einzuwenden. Über das Thema Eingewöhnung können Sie auch noch ausführlich im Kap. 5 weiterlesen.

Abb. 4.2 Nach der Eingewöhnung bleibt das Kind bei der Tagesmutter (© highwaystarz/stock.adobe.com)

Hat das mit der Eingewöhnung geklappt, bleibt Ihr Kind meistens zu geregelten festen Zeiten bei der Tagesmutter/ dem Tagesvater (Abb. 4.2).

Wie sieht so ein Tagesablauf bei Tageseltern aus?
Sehr individuelle Betreuungszeiten sind bei Tageseltern eher die Ausnahme! Stellen Sie sich also auf fixe Bring- und Abholzeiten ein.

Wie flexibel die Betreuungszeiten bei einer Tagesmutter/ einem Tagesvater sind, hängt stark von ihrem/seinem Tagesablauf ab. Die meisten Tageseltern haben einen sehr geregelten Tagesablauf, der sich nach den Bedürfnissen der Kinder richtet. Die Grundbedürfnisse wie Essen, Schlafen, Wickeln müssen schließlich ebenso gestillt werden wie die Bedürfnisse nach Kuscheln, Spielen und Bewegung. Auch genug Zeit für Spielplatz- oder Parkbesuche, um Bewegung an der frischen Luft zu ermöglichen, muss schließlich eingeplant werden. Ein strukturierter Tagesablauf hilft nicht nur der Tagesmutter/dem Tagesvater bei der Organisation, sondern dieser Rhythmus gibt den Tageskindern und somit auch Ihrem Kind Sicherheit und Geborgenheit.

Sie kennen am besten den Rhythmus und die Bedürfnisse Ihres Kindes. Berichten Sie also der Tagesmutter/dem Tagesvater über die Schlaf- und Wachphasen, über Essgewohnheiten, über besondere Vorlieben oder ob es etwas gibt, das Ihr Kind gar nicht mag. Bedenken Sie aber, dass sich die Bedürfnisse und der Rhythmus im Laufe der Zeit ändern und dass Ihr Kind sich nach einiger Zeit dem Tagesrhythmus bei den Tageseltern anpassen wird.

4.5 Anregungen für den guten Umgang miteinander

Schließlich möchte ich Ihnen noch ein paar Tipps für den weiteren Betreuungsverlauf bei Ihrer Tagesmutter/Ihrem Tagesvater mitgeben. Bedenken Sie, dass sich Ihr Kind zwischen zwei Familien bewegt (möglicherweise sogar zwischen mehreren Familien) und dass deshalb eine Erziehungspartnerschaft eine wichtige Voraussetzung dafür ist, dass sich Ihr Kind bei der Tagesmutter/dem Tagesvater wohl fühlt und mit Freude hingeht. Was verstehen wir unter Erziehungspartnerschaft? Eine gute Kooperation zwischen Eltern und Tageseltern inkludiert Kommunikation auf Augenhöhe, gegenseitigen Respekt, Verständnis und

Offenheit. Dialogbereitschaft und wechselseitige Informationen helfen, dass die Tagesbetreuung möglichst reibungslos abläuft. Kinder sind bekanntlich sehr feinfühlig, sie spüren sofort, wenn es Konflikte oder gar Feindseligkeiten gibt. Das schadet vor allem ihrer emotionalen Stabilität. Sprechen Sie also bitte Probleme möglichst zeitnah an. Das können Probleme sein im Zusammenhang mit der Tagesbetreuung, aber auch persönliche Schwierigkeiten, wie zum Beispiel familiäre Veränderungen, die selbstverständlich auf Ihr Kind Auswirkungen haben.

Auch ob Ihr Kind eine gute oder schlechte Nacht hatte, ob es später zu Bett ging als üblich, ob es vielleicht am Wochenende Bauchschmerzen hatte, all das sind für die Tageseltern wichtige Informationen! Denn wenn sie die Gründe für ein zum Beispiel weinerliches oder zorniges Verhalten kennen, können sie besser auf Ihr Kind eingehen und es verstehen.

Apropos Bauchschmerzen: Die meisten Tageseltern sind nicht erfreut, wenn Eltern ihr krankes Kind bringen. Nehmen Sie bitte Rücksicht auf die anderen Kinder und bedenken Sie die Ansteckungsgefahr. Außerdem sind kranke Kinder bedürftiger und anhänglicher, wünschen sich die Nähe Ihrer Hauptbezugspersonen und fühlen sich deshalb in den eigenen vier Wänden wohler.

Respektieren Sie bitte auch das in einem Vertrag geregelte Dienstleistungsangebot der Tageseltern.

Dazu zählen Pünktlichkeit und rechtzeitige Information (Anrufe bei Zwischenfällen), sollten Sie Ihr Kind mal nicht bringen, und regelmäßige Bezahlung. Mag sein, dass Ihnen das alles selbstverständlich erscheint, doch mir haben Tageseltern leider auch schon anderes berichtet, nach dem Motto: „Tagesmutter, Tagesvater ist eh immer zu Hause". Doch ähnlich wie im Homeoffice ist es auch in diesem Beruf wichtig, die Grenzen zwischen Privatleben und Beruf zu respektieren.

4.6 Vor- und Nachteile

Was sind die Vorteile einer Betreuung durch eine Tagesmutter/einen Tagesvater?
Kinder von null bis drei Jahren brauchen besonders feinfühlige Betreuungspersonen und individuelle Betreuung. Damit sich die kleinen Kinder sicher und geborgen fühlen, müssen all ihre körperlichen, geistigen und seelischen Bedürfnisse erfüllt werden. Da eine Tagesmutter/ein Tagesvater maximal fünf Kinder (einschließlich der eigenen) betreuen darf, ergibt das den optimalen Betreuungsschlüssel von 1:5, das heißt: Eine Betreuungsperson ist für maximal fünf Kinder verantwortlich. In solch einer Kleingruppe kann sehr gut auf die individuellen Bedürfnisse der Kinder eingegangen werden. Wobei Tageseltern bei der Aufnahme neuer Kindern auf das Alter der Kinder achten, damit sie ihren Aufgaben gerecht werden und es zu keiner Überforderung kommt. Gibt es also in der Gruppe Kinder unter einem Jahr, wird die maximale Kinderanzahl meistens reduziert.

Vor allem sehr sensible oder ängstliche Kinder, aber auch Kinder mit besonderen Bedürfnissen sind manchmal besser bei Tagesmüttern oder Tagesvätern aufgehoben als in Krippen oder Kitas, da die individuelle Zuwendung leichter gelingt, der Lärmpegel geringer ist und auch weniger Konflikte zwischen den Kindern auftreten.

Die familiäre Umgebung bietet kleinen Kindern einen Einblick in die alltäglichen Dinge, wie zum Beispiel Kochen, Tisch decken, Wäsche aufhängen und Ähnliches. Im besten Fall lässt die Tagesmutter, der Tagesvater die Tageskinder mithelfen, je nach Alter der Kinder natürlich und zwanglos. Meistens helfen kleine Kinder sehr gerne den Erwachsenen bei ihren Tätigkeiten, denn sie lieben ja das Nachahmen der „Großen". Das fördert nicht nur ihre Geschicklichkeit, sondern gibt kleinen Kindern die Möglichkeit, Erfahrungen zu sammeln, die sie in einer institutionellen Kinderbetreuungseinrichtung wahrscheinlich nicht machen werden, und auch zu Hause bleibt oft wenig Zeit dafür, vor allem wenn beide Elternteile berufstätig sind.

Eine Tagesmutter/ein Tagesvater stellt eine sehr konstante Bezugsperson dar. Für mich ist das einer der größten Vorteile der Tageselternbetreuung, da dadurch das Kleinkind leichter eine sichere Bindung aufbauen kann. Und das ist, wie schon zu Beginn des Buches erwähnt, vor allem für Babys von großer Bedeutung. Allerdings funktioniert diese sichere Bindung nur, wenn die Tagesmutter/der Tagesvater feinfühlig reagiert, das heißt wenn sie/er die Signale des Kleinkindes richtig deutet und angemessen reagiert! Je jünger das Baby ist, umso wichtiger ist ein sensitives und promptes Reagieren der Betreuungsperson, denn dann fühlt sich das Kind sicher und geborgen und lernt, dass seine Bedürfnisse wahrgenommen werden.

Lieselotte Ahnert hat in einer eigenen Forschungsstudie in Österreich die Tagesmutter-Kind-Bindung mit den Bindungswerten aus österreichischen Kindergärten bei zweijährigen Kindern (aus analogen Familien der gleichen Region) verglichen und wesentlich bessere Bindungswerte in der Kindertagespflege erhalten. Das bestätigt die obengenannten Thesen, dass Kleingruppen und individuelle Betreuung für Kinder unter drei Jahren von Vorteil sind (Ahnert 2020). Es zeigt uns aber auch, dass Tageseltern ihren Beruf verantwortungsvoll ausüben und sich ihrer wichtigen Aufgabe bewusst sind.

Vorteile der Betreuung durch Tageseltern

- Geborgenheit in der Kleingruppe
- Betreuungsschlüssel 1:5
- Eine konstante Bezugsperson ermöglicht sichere Bindung
- Familiennahe Umgebung
- Individuelle Förderung
- Rücksichtnahme auf persönliche Bedürfnisse und Vorlieben der Kinder gelingt leichter
- Miteinander „Alltag leben"
- Geringerer Lärmpegel
- Weniger Konfliktpotenzial zwischen den Kindern

Welche Nachteile können sich ergeben?
Sie müssen sich darüber im Klaren sein, dass bei Krankheit, Urlaub oder sonstiger Verhinderung der Tageseltern wahrscheinlich keine Betreuung Ihres Kindes möglich ist. Manche Trägerorganisationen bieten Ersatz an oder es kommen die oben genannten mobilen Tagesmütter zur Hilfe, aber in den meisten Fällen stehen Sie bei einem Ausfall der Tagesmutter/des Tagesvaters plötzlich ohne Betreuung da. Sie sollten sich deshalb schon vorher Alternativen für den Fall der Fälle überlegen.

Von manchen Eltern hörte ich auch, dass sie das sehr private Ambiente in der Kindertagespflege als einen Nachteil sehen. Sie finden, es gäbe zu wenig Transparenz, denn schließlich arbeitet die Tagesmutter allein zu Hause. Ich verstehe diese Bedenken durchaus. In einer stressigen oder herausfordernden Situation können Tageseltern auf keine unmittelbare Unterstützung von Kollegen oder Kolleginnen zurückgreifen. Sie bekommen zwar Unterstützung in Form von Beratung und Supervision von den Trägerorganisationen angeboten, aber den Alltag müssen sie allein bewältigen.

4.7 Kosten

Die Kosten für die Kinderbetreuung durch eine Tagesmutter/einen Tagesvater sind abhängig vom Trägerverein und dem Bundesland. Im Schnitt kostet eine Tagesmutter oder ein Tagesvater, je nach Betreuungsstunden, zwischen 180 und 360 Euro pro Monat (Stand 2021). Hinzu kommt ein Beitrag für Essen, Ausflüge und Bastelmaterialien, der unterschiedlich hoch ausfällt. Sowohl in Österreich als auch in Deutschland gibt es staatliche Kostenzuschüsse für Eltern. In Deutschland sind Kinderbetreuungskosten von der Steuer absetzbar.

4.8 Hilfreiche Links

Deutschland:
  www.betreut.de
  www.bvktp.de
  www.handbuch-kindertagespflege.de
  https://www.meine-tagesmutter.info/
  https://www.kimeta.de/stellenangebote-kindertagespflege
Österreich:
  www.bmfj.gv.at
  www.kinderdrehscheibe.net
  www.efk.at
  www.meinefamilie.at
  www.hilfswerk.at
  www.volkshilfe.at
  www.betreut.at

5

Es krabbelt in der Krippe

Inhaltsverzeichnis

5.1	Kita und Krippe	70
	5.1.1 Formen der Krippenbetreuung	72
	5.1.2 Das pädagogische Konzept	74
5.2	Was macht eine gute Kinderkrippe aus?	82
	5.2.1 Die Rolle der Krippenbetreuer*innen	83
	5.2.2 Betreuungsschlüssel – Gruppengröße	85
	5.2.3 Räumlichkeiten und Aktivitäten	86
5.3	Keine Angst vor der Eingewöhnung	91
5.4	Anregungen für einen guten Krippenalltag	98
5.5	Argumente für die Krippe	99
5.6	Argumente gegen die Krippe	100
5.7	Kosten und Förderungen	101
5.8	Hilfreiche Links	103

Ich möchte Ihnen ein paar wichtige pädagogische Grundkenntnisse zum Thema Kleinstkinderbetreuung in der Krippe vermitteln, damit Sie besser einschätzen können, ob eine

---

Ergänzende Information Die elektronische Version dieses Kapitels enthält Zusatzmaterial, auf das über folgenden Link zugegriffen werden kann https://doi.org/10.1007/978-3-662-63770-8_5.

© Der/die Autor(en), exklusiv lizenziert an Springer-Verlag GmbH, DE, ein Teil von Springer Nature 2022
S. Marega, *Baby, Kleinkind und Job*,
https://doi.org/10.1007/978-3-662-63770-8_5

Krippenbetreuung für Ihr Baby in Frage kommt und was einen guten Krippenplatz ausmacht. Sie erhalten außerdem Tipps und Beispiele aus der Praxis, die Ihnen bei der Umsetzung Ihrer Pläne betreffend Baby, Krippe und Job behilflich sind.

Ich verließ Frankreich, meinen Job, meine Wohnung, meine Freunde, um mir in Wien eine neue Existenz aufzubauen. Während mein Bauch immer dicker wurde, richtete ich Wohnung ein, gründete meine Selbstständigkeit und versuchte, mir nicht allzu große Sorgen über meine Zukunft zu machen.

Auch wenn mich meine Mutter für leicht verrückt hält, kann ich zum Glück trotzdem auf die volle Unterstützung meiner Eltern zählen. Auch meine Wiener Großmutter hilft mir manchmal. Sie hat mittlerweile die französische Lebensweise ihrer Tochter und Enkelin akzeptiert, wenn auch manchmal von leichtem Kopfschütteln begleitet.

Ich heiße Corinne – bin Halbfranzösin, lebte und arbeitete bis vor kurzem in Paris. Meine Mutter stammt aus Lyon, mein Vater ist aus Wien und meine Eltern leben in Wien. Als ich schwanger wurde, wollte ich in die Nähe meiner Eltern. Einen Partner, der das Elternsein mit mir teilen würde, habe ich leider nicht.

Meine kleine Sophie ist jetzt sechs Monate alt und besucht seit ihrem vierten Lebensmonat eine Kindergruppe, die auf Babybetreuung spezialisiert ist. Durch den Wechsel von einem Land zum anderen habe ich in Österreich leider keinerlei Ansprüche auf Karenzgeld. Daher musste ich nach dem Mutterschutz wieder arbeiten.

Ich bin sehr froh über diesen Platz, obwohl der monatliche Betreuungsbeitrag für mein Einkommen sehr hoch ist. Zum Glück greifen mir meine Eltern auch finanziell unter die Arme. Sie sind beide noch berufstätig und hätten keine Zeit, ständig auf Sophie aufzupassen.

Sophie fühlt sich in der Krippe sehr wohl und wird bestens umsorgt. Ich liebe es, die Zwerge zu beobachten, wie sie im Gruppenraum herumkrabbeln, die ersten Gehversuche unter-

5 Es krabbelt in der Krippe

nehmen oder in Ihren Bettchen schlummern. Ich habe das gute Gefühl, dass hier die Babys altersgerecht betreut werden und auf ihre individuellen Bedürfnisse Rücksicht genommen wird. Für mich herrscht eine angenehme Atmosphäre. Als Halbfranzösin habe ich kein Problem damit, dass Sophie schon in diesem Alter eine Krippe besucht. In Frankreich sind berufstätige Frauen mit kleinem Kind gesellschaftlich anerkannter als in Österreich und Tagesbetreuung von Babys ist nichts Außergewöhnliches. Es gibt auch keine bezahlte Elternzeit, wie in Österreich oder Deutschland. Meine Mutter wurde auch schon im Alter von drei Monaten in einer Krippe betreut, und aus ihr ist eine selbstbewusste, selbstständige Frau geworden.

Ich bringe also Sophie morgens in die Krippe, dann gehe ich nach Hause und arbeite an meinen Projekten. Als selbstständige Designerin arbeite ich die meiste Zeit von zu Hause aus. Ein eigenes Büro oder Atelier ist ein Traum von mir, den ich hoffentlich später verwirklichen kann. Manchmal muss ich zu Kunden fahren, um Details zu besprechen oder um meine Entwürfe vor Ort zu präsentieren. Die Aufträge halten sich noch in Grenzen, aber ich komme ganz gut über die Runden. Ich traue mich noch keine größeren Projekte anzunehmen, da ich mir Sorgen mache, nicht termingerecht abliefern zu können. Sophie war schon ein paar Mal krank, zwar nichts Schlimmes, aber ich konnte sie während dieser Zeit nicht in die Krippe bringen. Da merkte ich schnell, dass ich es nicht schaffe, mein Kind rund um die Uhr zu umsorgen und gleichzeitig mit meiner Arbeit voranzukommen. Wenn Sophie krank ist, ist sie ja besonders anhänglich. Das sei aber ganz normal, ließ ich mir von Sophies Kinderkrippen-Betreuerin sagen.

Meistens hole ich Sophie um vierzehn Uhr von der Krabbelstube ab. Es gibt einen extra Raum in der Kindergruppe, wo ich mich zurückziehen kann, um Sophie zu stillen. Zwischendurch bekommt Sie Fläschchen mit abgepumpter Milch oder mittlerweile auch ergänzend Gläschenkost. Dann gehen wir spazieren, einkaufen oder einfach nach Hause, um die ge-

meinsame Zeit zu genießen. In ein paar Monaten wird Sophie länger in der Krippe bleiben, etwa bis sechzehn Uhr, damit ich dann größere Projekte annehmen kann, denn meine Ersparnisse sind mittlerweile fast aufgebraucht. Auch wenn der Weg in die Selbstständigkeit mit vielen Risiken verbunden ist, bin ich doch glücklich mit meiner Entscheidung. Die freie Zeiteinteilung ist für mich das größte Plus. Oft arbeite ich abends, wenn Sophie schläft. Somit bleibt mir untertags mehr gemeinsame Zeit mit Sophie. Denn ich liebe meine Tochter über alles!

5.1 Kita und Krippe

Leider sind gute Betreuungsplätze für Kinder von null bis drei Jahren sowohl in Deutschland als auch in Österreich Mangelware. Zwar wurde in den letzten Jahren der Ausbau forciert, und es wurde viel Geld in neue Betreuungsplätze investiert, dennoch gelingt es nicht allen Eltern, den gewünschten Krippenplatz zu bekommen. In den Städten ist das Angebot etwas breiter als auf dem Land, wobei auch der Bedarf in den Städten sicher größer ist. Die Zahl der in Krippen betreuten Kleinkinder steigt von Jahr zu Jahr. Vor allem besser qualifizierte Frauen und Akademikerinnen kehren rascher in ihren Beruf zurück. Die Erwerbstätigkeit von Frauen mit Kindern im Krippenalter hat also in den vergangenen Jahren zugenommen.

Nach dem Kinderfrühfördergesetz gibt es in Deutschland seit 2013 einen Rechtsanspruch auf einen Krippenplatz ab dem vollendeten ersten Lebensjahr. Leider sagt dieser Anspruch noch nichts über die Qualität des Krippenplatzes aus. Diese wurde in den letzten Jahren immer wieder kritisiert. Zum Glück verlieren aber die Krippen langsam ihren Ruf als reine Versorgungs- und Beaufsichtigungsstätten von Kleinstkindern. Sie gewinnen in Politik und Gesellschaft an

Bedeutung und Wertschätzung, und ihr Beitrag zur frühkindlichen Bildung wird nach und nach anerkannt. Auch wenn die Wissenschaft noch uneins ist, was die außerfamiliäre Betreuung von Babys anbelangt, einig ist man sich jedenfalls sehr wohl in einem: Die Qualität der Krippen muss stimmen, um mit Kindern in diesem sensiblen Alter einen angemessenen Umgang pflegen zu können. Deshalb wurde in Deutschland aktuell das Gute-KiTa-Gesetz (www.gute-kita-portal.de) verabschiedet. Es soll einerseits mehr Qualität in den Kitas sichern und andrerseits die Eltern bei den Gebühren entlasten. Wie das die Bundesländer umsetzen und für welche Maßnahmen sie die dafür die vom Bund zur Verfügung gestellten Gelder vor Ort einsetzen, liegt in ihrer Entscheidung. Deshalb gibt es immer wieder Kritik, dass Versprechungen in den einzelnen Bundesländern nicht umgesetzt werden, und der oft geäußerte Wunsch nach mehr Personal in den Kinderbetreuungseinrichtungen, also ein höherer Betreuungsschlüssel, bleibt oft unerfüllt. Ähnlich ist es übrigens in Österreich.

Über die verschiedenen Formen der Kinderbetreuungseinrichtungen für Kinder unter drei Jahren kann ich hier nur einen Überblick geben, da es viele länderspezifische und regionale Angebote gibt. Auch die Bezeichnungen sind sehr unterschiedlich. In Deutschland spricht man hauptsächlich von Kitas (Kindertageseinrichtung). Bei Kindern im Alter von null bis drei Jahren wird meistens von der Kinderkrippe oder nur Krippe gesprochen. In Österreich wird Ihr Kind die Krabbelstube, Kindergruppe oder Kinderkrippe besuchen. Die meisten Kindertageseinrichtungen haben einen Träger, der verantwortlich ist, dass die gesetzlichen Vorgaben umgesetzt werden und der diese kontrolliert. Kirchengemeinden, Wohlfahrtsverbände, Elterninitiativen, öffentliche Hand und private Träger sind solche Institutionen, die Kinderbetreuung anbieten.

Tipps für die Anmeldung
- Die Anmeldeformalitäten sind von Ort zu Ort verschieden.
- Meistens müssen sich Eltern bei einer zentralen Stelle anmelden.
- Bei privaten Einrichtungen muss man sich vor Ort anmelden.
- Wenn Sie sicher sein wollen, den passenden Krippenplatz zu bekommen, beginnen Sie am besten schon in der Schwangerschaft mit der Suche.
- Informieren Sie sich rechtzeitig über die Aufnahmefristen und -bedingungen.
- In vielen Krippen gibt es Wartelisten. Sind Sie auf einer Warteliste, melden Sie sich ab und zu und fragen Sie nach, wie die Chancen stehen. Sollten Sie den Platz nicht mehr benötigen, hilft es der Leitung bei der Organisation, wenn Sie kurz ein Mail schreiben und absagen.

5.1.1 Formen der Krippenbetreuung

Nestgruppen
In Deutschland gibt es Kindertagesstätten mit offenen Gruppen. Diese bieten manchmal Nestgruppen für Kinder von null bis drei Jahren an. Wie der Name schon sagt, handelt es sich hier um sehr kleine Gruppen mit maximal acht bis zehn Kindern. Dort erfahren die Kleinsten langsam den Übergang von der Familie in die Krippe. Von diesem geschützten Raum aus können sie dann, je nach Temperament der Kinder, die anderen Gruppenräumlichkeiten erobern und andere Kinder kennenlernen.

Familiengruppen
In beiden Ländern gibt es Kitas mit Altersmischung; in Österreich heißen sie Familiengruppen. Hier besuchen Kinder im Alter von etwa null bis sechs Jahren dieselbe Gruppe. Ziel solcher Gruppen ist es, das soziale Miteinander und das

Kooperationsverhalten zu fördern sowie familienähnliche Situationen herzustellen. Die Großen lernen Rücksichtnahme und helfen den Kleinen, die Kleinsten lernen von der Großen und bekommen Entwicklungsanreize. Allerdings müssen die Rahmenbedingungen für dieses Konzept passen. Bei der Einrichtung und Ausstattung solcher Kitas muss auf diese unterschiedlichen Altersstufen Rücksicht genommen werden. Schließlich hat jede Altersstufe sehr spezielle Bedürfnisse und die Organisation des Kita-Alltags gestaltet sich deshalb oft schwierig. Pädagogen werden hier vor besonders großen Herausforderungen gestellt, um den sehr verschiedenen Anforderungen gerecht zu werden.

Altershomogene Gruppen
Für Babys halte ich kleine, altershomogene Gruppen für geeigneter, da hier gezielter auf die speziellen Bedürfnisse unserer Kleinsten eingegangen werden kann. Sind zum Beispiel in einer Gruppe Kinder im Alter von ca. null bis eineinhalb Jahren, gibt es hier ohnehin schon beträchtliche Unterschiede in deren Entwicklung, und die Pädagogen müssen flexibel genug sein, um alle Kinder ihrem Alter gemäß zu betreuen. Meiner Erfahrung nach gelingt das leichter in einer Krippe, die auf die ganz Kleinen spezialisiert ist, als in einer Familiengruppe.

Elternverwaltete Kindergruppen
Eine Besonderheit stellen die elternverwalteten Kindergruppen dar, die es in ähnlicher Form sowohl in Deutschland als auch in Österreich gibt. Hierbei handelt es sich um einen Zusammenschluss von gleichgesinnten Eltern, die eine Kinderbetreuungseinrichtung gründen (meistens in Form eines Vereins) und führen, welche ihren Vorstellungen entspricht. Das Alter der Kinder in solchen Gruppen ist eher gemischt, ähnlich den Familiengruppen, aber immer öfter werden auch in solchen Gruppen Kinder unter drei

Jahren betreut. In solchen Kindergruppen haben Eltern Mitspracherecht über personelle Entscheidungen, die Aufnahme von Kindern, die Preisgestaltung, das pädagogische Konzept und so weiter. Allerdings fallen hier für die Eltern eine Menge an zusätzlichen Tätigkeiten an, wie Kochdienst, Einkaufen oder Einspringen bei Krankheit einer Betreuerin oder eines Betreuers sowie verwaltungstechnische Aufgaben. Bedenken Sie also, dass solche Verpflichtungen zusätzlich zu einem Job zu einer Belastung für Sie als Eltern werden können. Auch die notwendigen regelmäßigen Treffen und Besprechungen mit den anderen Eltern und Betreuern sind oft sehr zeitaufwendig. Aber Eltern, die sich hierfür entscheiden, schätzen die Zusammengehörigkeit und haben das Gefühl, dass ihre Kinder nach ihren Vorstellungen und Werten betreut werden. Auch ist die Anzahl der Kinder der in dieser Art geführten Kindergruppen oft geringer als in öffentlichen Kitas, und die Kosten halten sich in Grenzen.

5.1.2 Das pädagogische Konzept

Jede Kita und Krippe basieren auf einem pädagogischen Konzept. Sie können dieses Konzept meistens auf der Homepage der jeweiligen Krippe lesen bzw. bei der Erstbesichtigung danach fragen. Oft haben pädagogische Konzepte Schwerpunkte wie Musik, Sport, eine Fremdsprache oder spezielle pädagogische Ausrichtungen wie Montessori, Emmi Pikler oder Reggio-Pädagogik, auch als Reformpädagogik bezeichnet. Diese drei stelle ich Ihnen kurz vor, da sie für Krippenkinder besonders relevant sind.

Maria-Montessori-Pädagogik
Maria Montessori studierte als erste Frau Italiens Medizin und schloss 1896 ihr Studium mit Erfolg ab. 1907 eröffnete

sie in einer ärmlichen Gegend Roms ihr erstes Kinderhaus San Lorenzo und befasste sich intensiv mit Pädagogik, die sehr schnell international bekannt wurde.

„Hilf mir, es selbst zu tun" ist eine der wichtigsten Grundsätze der Montessori-Pädagogik. Ziel ist, dem Kind in seiner Entwicklung zur Seite zu stehen, es zu begleiten, damit es sich aktiv und selbstständig neue Kenntnisse und Fähigkeiten aneignen kann. Dazu gehört eine kindgerechte, gut vorbereitete Spielumgebung, freie Wahl der Spielmöglichkeiten und Übungen des täglichen Lebens. Die Haltung der Pädagogen spielt dabei eine große Rolle. Nicht nur Liebe und Geduld sind gefordert, sondern auch gute Beobachtungsgabe und eine wertschätzende Haltung gegenüber dem Kind. Viel Wert wird auf die Qualität des Spielmaterials gelegt. Die Sinnesmaterialien sind ein besonderer Schwerpunkt für die Krippenkinder: „Begreifen durch Be-Greifen", ist hier das Motto. Auch ausreichende Bewegungserfahrung gehört zur Montessori-Pädagogik, daher müssen die Räumlichkeiten für diese sensible Altersstufe dementsprechend gestaltbar sein.

> **Buchtipp**
> Wenn Sie mehr darüber wissen wollen, empfehle ich Ihnen gerne folgende Bücher:
> Montessori für Eltern: Wie Kleinkinder achtsam und selbstständig aufwachsen, Simone Davies, 2020
> Das Montessori Elternbuch, Ulrich Steenberg und Renate Alf, 2018

Emmi-Pikler-Pädagogik
Die Pädagogik der Kinderärztin Emmi Pikler beschäftigt sich vor allem mit der Pflege und Erziehung von Säuglingen und Kleinkindern. Sie gründete unter anderen das Säuglingsheim Loczy in Budapest und sah es als ihre dringlichste

Aufgabe, tiefgreifende Veränderungen in den Kinderheimen zu bewirken, damit Kinder ohne die damals leider üblichen Anstaltsschäden aufwachsen konnten. Dieser sogenannte Hospitalismus, auch belegt durch Forschungen des Psychoanalytikers René A. Spitz, war ein auftretendes Krankheitsbild bei Säuglingen in Kinderheimen, die zwar körperlich gut versorgt waren, aber trotzdem physisch und vor allem psychisch erkrankten und sich schlecht entwickelten. Die Ursache war lieblose Behandlung, der Mangel an emotionaler Beziehung und sozialer Interaktion. Emmi Pikler erkannte das und sorgte dafür, dass das Pflegepersonal den Säuglingen Geborgenheit und Achtsamkeit schenkte. Ihr war besonders wichtig, dass sich das betreuende Personal genug Zeit bei den pflegenden Tätigkeiten nimmt, damit eine Beziehung zwischen dem Kind und der pflegenden Person entstehen kann. Blickkontakt und ruhige Bewegungen, von erklärenden Worten begleitet, schaffen laut Emmi Pikler zufriedene und gesunde Kinder. Pflege und Erziehung sollen kein Widerspruch sein, sondern eine Einheit bilden.

Ihre Beobachtungen wurden dokumentiert und ihre Erfolge gaben ihr Recht. Viele ihrer pädagogischen Ansätze finden sich heute in den Konzepten der Kinderkrippen wieder.

Ein weiterer wichtiger Ansatz der Pikler-Pädagogik ist die selbstständige Bewegungserfahrung. Es ist wichtig, dem Baby den individuellen Rhythmus seiner Mobilitätsentwicklung zu lassen und es nicht in Positionen zu bringen, die aus eigener Kraft und Antrieb noch nicht möglich sind. Zum Beispiel: Die Babys nicht hinsetzen und mit Polstern stützen, wenn sie noch nicht selbstständig von der Bauch- oder Rückenlage ins Sitzen gelangen. Wird die Entwicklung nicht künstlich forciert, lernt das Baby durch ständige Wiederholungen sichere Bewegungsabläufe und stärkt so seine Muskulatur und das Gleichgewicht. Es erlangt ein besseres Körpergefühl und Geschicklichkeit.

> **Buchtipp**
> Miteinander vertraut werden, Emmi Pikler und Anna Tardos, 2014
> Lasst mir Zeit: Die Selbstständige Bewegungsentwicklung des Kindes bis zum freien Gehen, Emmi Pikler und Anna Tardos, 2018
> Filmtipp: https://www.filmdienst.de/film/details/514737/loczy-wo-kleine-menschen-gross-werden

Reggio-Pädagogik
Diese Pädagogik ist in der norditalienischen Stadt Reggio Emilia entstanden. Nach Ende des zweiten Weltkriegs entstanden in Reggio kommunale Kinderbetreuungseinrichtungen, um die Notlage vieler Frauen und deren Kinder zu verbessern. Die Frauen mussten in der Nachkriegszeit in der Lombardei auf den Reisfeldern arbeiten und ihre Kinder oft allein zu Hause lassen. Das eigentliche, heute bekannte Reggio-Konzept wurde aber erst in den 1970er-Jahren vom Lehrer Loris Malaguzzi entwickelt. Berühmt und weltweit bekannt wurde die Reggio-Pädagogik, als sie vom Newsweek Magazine 1991 zum Besten „Early Childhood Education"-Programm der Welt gekürt wurde. Die UNESCO bezeichnete sie 2010 als beste frühkindliche Pädagogik.

Reggio-Pädagogik versteht sich eher als eine Philosophie, als ein Konzept. Im Mittelpunkt steht das Bild des kompetenten Kindes und der ganzheitliche Ansatz. Die Kinder lernen mit allen Sinnen, sie sind aktive und kreative Gestalter ihrer Entwicklung, die von Geburt an neugierig auf die Welt zugehen. Identitätsbildung und Gemeinschaft stehen in enger Beziehung. Auf die individuellen Stärken und

Fähigkeiten jedes einzelnen Kindes wird besonderes Augenmerk gelegt.

„Ein Kind hat 100 Sprachen", ein Gedicht von Loris Malaguzzi, gibt uns zu verstehen, dass Kinder 100 Möglichkeiten haben, sich auszudrücken und die Welt zu verstehen. Gleichzeitig kritisiert er, dass den Kindern bei ihrer Erziehung 99 „Sprachen" von den Erwachsenen gestohlen werden. Kinder begreifen und entdecken mit all ihren Sinnen, aber allzu oft hören sie von Erwachsenen Sätze wie: „Greif das nicht an, bleib still sitzen, sprich jetzt nicht" usw.

Die Krippen in der Reggio-Pädagogik werden Nido, italienisch für Nest, genannt. Daher stammt auch die Idee der Nester in den Kitas. Die Nestgruppe ist ein Ort der Geborgenheit und des Schutzes. Die Räume sind so gestaltet, dass sie die Kinder zum Erforschen ihrer Umwelt und zur Selbsttätigkeit anregen, aber auch Rückzug und Ruhe bieten. Die Räumlichkeiten gelten in der Reggio-Pädagogik als dritter Pädagoge, sie sind hell und offen, mit großen Fenstern und freundlichem Eingangsbereich und schließen die nähere Umgebung der Kinder mit ein.

Die Pädagogen nehmen eine beobachtende, unterstützende und ermutigende Rolle ein. Der Zusammenarbeit mit den Eltern wird besonders große Bedeutung zugemessen. Kinder, Eltern, Pädagogen und das weitere soziale Umfeld sollen eine Einheit bilden.

> **Filmtipp**
>
> Einführung in die Reggio-Pädagogik, Sabine Lingenauer, 2013
> Handlexikon der Reggio-Pädagogik, Sabine Lingenauer, 2016

Selbstverständlich gibt es noch viele andere reformpädagogische Konzepte, und jedes Einzelne füllt mehrere Bücher. Die Begründer dieser damals neuen Erziehungswissenschaften leisteten zweifellos einen wichtigen Beitrag, um das damalige Verständnis über Kinder und deren Entwicklung zu verbessern. Die Grundhaltung pädagogischer Einrichtungen, früher auch Erziehungsanstalten genannt, und deren Einstellung zum Kind wurden überdacht und aus einem anderen Blickwinkel gezeigt. Heute wissen wir, dass der respektvolle Umgang und die Wertschätzung für unsere Kleinsten von großer Wichtigkeit sind.

Es muss nicht jede Krippe ein reformpädagogisches Konzept verfolgen, aber ich finde es richtig, dass Frühpädagogen über Ansätze diverser Reformpädagogik Bescheid wissen und sie in ihrem Krippenalltag einfließen lassen. Bei manchen dieser Konzepte vermisse ich heute ein wenig die Flexibilität, vor allem wenn sie in den entsprechenden Kinderbetreuungseinrichtungen sehr streng ausgelegt werden. Es ist auch nicht unbedingt eine bestimmte pädagogische Ausrichtung für jedes Kind passend und manchmal haben es Pädagogen schwer, im Krippenalltag das Konzept an die Situation anzupassen.

Zum Beispiel: Das extra für Kinder angefertigte Sinnesmaterial in der Montessori-Pädagogik soll von Kindern nicht zweckentfremdet werden. Das Kind darf sich zwar aussuchen, womit es spielt und wie lange es spielt, aber wie es damit spielen soll, ist vorgegeben. Das ist natürlich alles pädagogisch begründet, aber ich finde es trotzdem schade, denn Kinder haben sehr viel Fantasie, die hier womöglich gebremst wird. (Es soll z. B. aus den geometrischen Würfeln kein Haus bauen und darin die Spielzeugautos parken.)

Ich finde bei der Arbeit mit unseren Kleinsten am wichtigsten, dass es ein Konzept gibt, das den Betreuer*innen ermöglicht, individuell auf die Bedürfnisse der Kinder einzugehen. Das ist aber nur bei einem guten Betreuungsschlüssel und kleinen Gruppen (siehe weiter unten Abschn 5.2.2) möglich. Kleinstkinder sollen Raum für ungestörtes Spiel und Platz zum Ruhen haben. Möglichkeiten zum Kuscheln und Betreuer*innen, die sie trösten, wenn sie das nötig haben, gehören auch dazu. Idealerweise hat das Betreuungspersonal genug Zeit für die Pflege wie Wickeln und Fläschchen-Geben und um die Kinder in den Schlaf zu begleiten. Es muss nicht jede Windel im Zeitlupentempo gewechselt werden, das wird nicht immer möglich sein, aber die Grundhaltung der Pädagogen muss stimmen und macht eine angenehme Atmosphäre aus, in der sich alle wohlfühlen.

Kinder sollten zu keinen Tätigkeiten gezwungen werden. Malen mit den Fingern, zum Beispiel, ist für die meisten Zwerge lustig, manche hegen aber eine Abneigung dagegen. Schon bei Babys gibt es klare Unterschiede im Temperament, viele Eigenschaften scheinen angeboren und bestimmen die Art und Weise, wie ein Baby auf die Welt zugeht. Manche sind offen, neugierig und reagieren auf neue Erfahrungen mit Freude, andere sind eher ängstlich und zurückhaltend. Die individuelle Persönlichkeit eines jeden Kindes zu respektieren, die Kleinsten einerseits dort zu fördern, wo sie von sich aus Interesse zeigen, und andrerseits Unterstützung anbieten, wo sie Hilfe benötigen, ist wohl die größte Herausforderung für Pädagogen. Sie bieten dem Kleinstkind neue Erfahrungen an und helfen unterstützend, diese kleinen Abenteuer zu meistern. Eine gute Betreuung ist dann gelungen, wenn die Kinder in ihrer Entwicklung dort abgeholt werden, wo sie stehen. Ob aus einem schüchternen Kind später ein Draufgänger werden kann? Das ist schwer vorherzusehen. Aber die frühen sozialen Erfahrungen können Kindern helfen, selbstbewusster und offener die Welt zu erforschen und auf andere zuzugehen. Die Krippe kann da ein idealer Ort dafür sein (Abb. 5.1).

5 Es krabbelt in der Krippe

Was haben all diese reformpädagogischen Richtungen gemeinsam?

- Die Wertschätzung gegenüber dem Kind und der respektvolle Umgang miteinander
- Das Kind wird als eigenständiges Wesen akzeptiert
- Die Selbstständigkeit des Kindes wird gefördert
- Das praktische Arbeiten steht im Vordergrund – die Kinder lernen durchs Tun und Experimentieren
- Das Vertrauen in die Fähigkeiten der Kinder und deren Wissensdurst
- Es wird kein Zwang ausgeübt
- Eltern werden miteinbezogen

Abb. 5.1 Badespaß an heißen Tagen in der Krippe (privates Foto)
(Audiodatei 5-2) Interview mit Kindergruppenbetreuerin Julia und Kindergruppenbetreuer David

5.2 Was macht eine gute Kinderkrippe aus?

Was macht die Qualität einer guten Krippenbetreuung also aus? Woran können Sie als Eltern erkennen, ob Ihr Baby gut aufgehoben ist? Das beste pädagogische Konzept nützt schließlich wenig, wenn es nur auf dem Papier steht und nicht in die Praxis umgesetzt wird. Und wie schon im Kap. 4 erwähnt, ist wahrscheinlich auch hier die zwischenmenschliche Ebene für Sie entscheidend. Angenommen, Ihnen gefällt zwar das Konzept, und die Räumlichkeiten und Ausstattung der Kita sind modern und altersgerecht, aber das Betreuungspersonal wirkt gestresst und überfordert. Oder Sie finden die pädagogische Leitung, mit der Sie das Erstgespräch führen, nicht sympathisch, oder das Ambiente strahlt keine Wärme und Geborgenheit aus. Auch wenn dieses Empfinden sehr subjektiv ist, sollten Sie Ihren Bedenken auf den Grund gehen. Denn Sie müssen davon überzeugt sein, dass es der richtige Platz für Ihr Kind ist, nur dann wird die frühe Fremdbetreuung gut funktionieren und Ihr Kind wird sich gut aufgehoben fühlen.

Natürlich ist es nicht leicht, beim ersten Besichtigungstermin ein Gefühl dafür zu bekommen, ob es der passende Ort für Ihr Kind ist oder nicht. Oft wird seitens der Betreuungseinrichtung ein Probemonat oder zumindest ein Schnuppertag vereinbart. Im Probemonat können Sie normalerweise jederzeit kündigen, sollte es gar nicht passen. Dann ist aber ein Plan B gefragt, denn Sie brauchen höchstwahrscheinlich einen anderen Betreuungsplatz für Ihr Kind, und die sind bekanntlich rar. Also lieber vorher gut überlegen, eventuell einen zweiten Besuchstermin vereinbaren und am besten eine Begleitung mitnehmen. Wenn es nur an einer Betreuungsperson liegt, mit der Sie nicht so gut zurechtkommen, gibt es ja in einer Kinderkrippe zum Glück noch andere Pädagogen, die für Ihr Kind da sind.

Anders als bei der Tagesmutter, wo die Betreuung ganz von einer Person abhängt.

5.2.1 Die Rolle der Krippenbetreuer*innen

Die Ausbildung im Bereich Frühpädagogik wurde in den letzten Jahren in Deutschland und Österreich verbessert und aufgewertet. Das ist auch gut so, denn je mehr wir über Babys und Kleinkinder und deren Entwicklung wissen, umso besser können wir sie verstehen und ihre Bedürfnisse wahrnehmen. Schließlich ist es etwas anderes, fremde Kinder zu betreuen als eigene. Bildung allein macht allerdings noch keine guten Pädagogen aus.

Damit Pädagogen ihr theoretisches Wissen auch in der Praxis umsetzen können, sollten sie folgende Voraussetzungen mitbringen:

- Authentizität,
- Empathie, Anteilnahme, Sensitivität,
- Geduld und Toleranz,
- Flexibilität,
- Spaß am Spiel,
- sie sollen keine Berührungsängste haben,
- sie müssen gute Beobachter sein.

Bei den Kleinsten geht es um Zuwendung auf Augenhöhe, Körperkontakt und Blickkontakt. Wenn Sie einer Kinderkrippe einen Besuch abstatten und die Betreuerin spielt mit den Kindern am Boden und begibt sich auf Augenhöhe, bewerten Sie das als großes Plus. Die Aufgaben des Betreuer-Teams besteht darin, die ihnen anvertrauten Kleinen bei ihrer Entwicklung zu begleiten und zu unterstützen. Sie sollen jedem Kind den größtmöglichen Freiraum geben, den es braucht, um sich autonom und individuell entwickeln zu können. Kinder leben im Hier und Jetzt. Sie brauchen verständnisvolle Betreuer, die ihnen Zeit geben, Lernerfahrungen dann zu machen, wenn sie dafür bereit sind.

Ob und wie viel Körperkontakt ein Kind wünscht, ist ebenfalls sehr unterschiedlich. Gerade in der Anfangsphase, wenn die Babys noch kein Vertrauen zu den neuen Betreuungspersonen haben, kann beruhigendes Zureden besser helfen, als die Kinder in den Arm zu nehmen. Hier sind besonders die Erfahrung und Empathie der Pädagogen gefragt. Teilen Sie Ihre Erfahrungen mit den Betreuer*innen. Sie wissen am besten, was Ihr Kind braucht oder was es so gar nicht mag. Es gibt Babys, die sich liebend gern von allen Personen hochnehmen lassen, und andere reagieren sofort mit Abwehr.

Der männliche Betreuer in der Krippe und geschlechtssensible Pädagogik
Männliche Betreuer in der Krippe sind kaum anzutreffen, noch seltener als in der Kita und Grundschule. Wie sehr fehlen uns männliche Betreuer in Kinderbetreuungseinrichtungen? Auch in der Kinderbetreuung ist Gender Mainstreaming angekommen. Man spricht hier von geschlechtssensibler Pädagogik, deren Ziel es ist, starre Rollenbilder aufzubrechen und ein partnerschaftliches Miteinander zu fördern. Schließlich sind frühe Erfahrungen besonders prägend für Kinder. Natürlich dürfen Mädchen trotzdem mit Puppen spielen und Buben mit Autos, aber umgekehrt muss es auch okay sein. Es kann nicht früh genug damit begonnen werden, für Mädchen und Jungen die gleichen Bedingungen zu schaffen und geschlechtsunabhängig ihre Bedürfnisse zu achten.

Um sensibel mit dieser Thematik umzugehen, müssen Eltern und Pädagogen ihre eigenen Wertvorstellungen und ihr Handeln hinterfragen, schließlich sind auch wir von langjährigen Mustern geprägt und geben vieles unbewusst weiter. Forschungsergebnisse zeigen uns zum Beispiel, dass mit weiblichen Babys eher gekuschelt wird als mit männlichen, dass kleine Mädchen eher getröstet werden als kleine Buben. Unseren kleinen männlichen Babys wird mehr Mut gemacht. Sie hören öfters Sätze wie „du schaffst das", „das kannst du", und weniger oft „pass auf". Dass sich solche Verhaltensmuster auf das spätere Leben der Kinder auswirken, erscheint mir logisch.

Warum wollen wir Männer in den Kitas? Sie bringen alternative Spielvarianten und Abwechslung in den Kindergruppenalltag. Männer spielen gerne Fußball und sind etwas wilder im Spiel mit den Kindern, so lautet die gängige Meinung. Aber vielleicht gibt es einen männlichen Betreuer in der Gruppe, der genauso gern mit Puppen spielt, und die Kollegin spielt lieber Ball mit den Kindern. Hauptsache, der- oder diejenige pflegt einen liebevollen Umgang mit den Kindern, wie ich meine. Wenn ein Mann in einer Krippe arbeitet, lernen und sehen unsere Kleinsten, dass es nicht nur Frauen sind, die sie wickeln, füttern, mit ihnen spielen und in den Schlaf wiegen. Hier sehe ich die große Chance, dass sich verstaubte Klischees langsam ändern (Audiodatei 5.2).

5.2.2 Betreuungsschlüssel – Gruppengröße

Damit all diese Aufgaben nach bestem Wissen und Gewissen erfüllt werden können, ist ein Betreuungsschlüssel von 1:5 unumgänglich. Das heißt, es arbeiten drei Betreuer*innen für 14–15 Kinder. Bei Kindern unter einem Jahr wäre sogar ein Schlüssel von 1:3 wünschenswert. Leider ist dieser Wunsch aus wirtschaftlichen Gründen nur schwer zu erfüllen. Ausreichend und gut qualifiziertes Personal kostet natürlich Geld. Dafür müssen entweder der Staat oder die Gemeinden die Förderungen erhöhen oder die Eltern müssen tiefer in die Tasche greifen. Angesichts dessen, dass der Bedarf an Betreuung für kleine Kinder stetig steigt und auch seitens der Politik viel in die Gründung von Krippen investiert wird, sollte die Qualität dabei nicht vergessen werden. Schließlich geht es um die Zukunft unserer Kinder. Außerdem können Eltern beruhigter und somit effektiver ihrem Job nachgehen, wenn sie ihre Kinder in besten Händen wissen.

Je jünger die Kinder sind, umso vorteilhafter sind kleine Gruppen. Maximal zehn Kinder wäre eine ideale Gruppengröße für Kinder unter einem Jahr. Ich weiß, dass das sehr hohe Anforderungen sind, die natürlich ihren Preis haben. In Wien zum Beispiel wird ein Betreuungsplatz für ein Kind unter drei Jahren derzeit mit 625 Euros pro Monat gefördert. Werden zwölf Kinder von drei Pädagogen betreut, übersteigt das die Kosten der Förderung und Eltern zahlen einen hohen Selbstkostenbeitrag.

5.2.3 Räumlichkeiten und Aktivitäten

Die Räumlichkeiten müssen der Gruppengröße angepasst werden. Je größer die Anzahl der Kinder, umso größer ist der Platzbedarf, denn auch unsere Jüngsten brauchen ausreichend Platz für Bewegung und um auf Entdeckungsreise zu gehen. Kleine Kinder erfahren die Welt über ihre Sinne und ihren Körper, deshalb muss diesem Bedürfnis in der Krippe Rechnung getragen werden. Eine variable Ausstattung, die die Geschicklichkeit und Körperkraft unterstützt, Materialien für die Sinne und altersgerechtes Spielzeug sollten vorhanden sein (Abb. 5.2).

Ein separater Ruheraum ist sehr zu empfehlen, damit in der Krippe auf die unterschiedlichen Schlafbedürfnisse der Kleinsten Rücksicht genommen werden kann. Vielleicht gehört Ihr Kind zu jenen, die am besten schlafen, wenn sie in-

Abb. 5.2 Kinder in der Krippe spielen am Klettergerüst (© RioPatuca Images/stock.adobe.com)

Gesellschaft sind, oder aber Ihr Baby braucht absolute Ruhe und schreckt bei jedem lauteren Geräusch auf. Teilen Sie Ihre Erfahrungen mit den Betreuer*innen, damit diese besser auf Ihr Kind eingehen können. Natürlich spielen auch Gewohnheiten eine Rolle. Wenn Ihr Kind nur absolute Ruhe beim Schlafen gewohnt ist, wird es vielleicht etwas länger brauchen, um in der Krippe entspannt schlafen zu können.

Erwarten Sie bitte kein Programm in der Krippe, wie das im Kindergarten üblich ist. Förderung im Säuglingsalter ist gut und schön, aber die Kleinsten lernen und entwickeln sich am besten, wenn wir ihnen Raum, Zeit und Aufmerksamkeit schenken.

Frühförderung
Viele Eltern wollen heutzutage die bestmögliche frühe Förderung ihres Babys. Wissenschaftliche Studien über die frühen Ausbildungen der Nervenzellen und deren Verbindungen (Synapsen) beim Säugling führen bei manchen

Eltern zu übertriebenen Handlungen, um diese Synapsen schon im zarten Babyalter anzuregen. Ja, sogar das Hören von klassischer Musik in der Schwangerschaft soll die Intelligenz der Kinder fördern. Über die Sinnhaftigkeit solch gezielter Frühförderung wird in der Wissenschaft gestritten. Dass frühe Bildung nicht allein durch eine stimulierende Umwelt gefördert wird, sondern durch die Menschen, mit denen Kinder soziale Beziehungen pflegen und mit denen eine emotionale Interaktion besteht, dessen können Sie sicher sein. Nicht umsonst sagte Jesper Juul: „Kinder machen nicht das, was wir sagen, sondern das, was wir tun." Das gilt nicht nur für größere Kinder, sondern für alle Altersstufen.

In einer Krippe gibt es meistens keinen Mangel an Anregungen und Reizen für die Kleinsten, im Gegenteil. Wichtig ist, für einen Ausgleich zwischen Aktivität und Ruhe zu sorgen. Gemeinsame Aktivitäten sind nur eingeschränkt möglich und hängen stark vom Alter der Kinder ab. Als Faustregel gilt: Je jünger das Kind, desto kürzer die Aufmerksamkeitsspanne, und umso kleiner sollte die Gruppe sein. Dann bekommt jedes Kind die Aufmerksamkeit, die es braucht, und wird sich auch in der Krippe wohlfühlen. Kinder im Krippenalter spielen häufig allein und beschäftigen sich dabei mit unterschiedlichen Dingen. Um dieses Parallelspiel zu ermöglichen, müssen wir in der Krippe für genügend Platz und Gelegenheit sorgen. Ich konnte allerdings beobachten, dass Kinder in der Krippe schon viel früher als bisher angenommen miteinander spielen und sozial interagieren. Erst vor Kurzem beobachtete ich zwei Kinder, die kaum 15 Monate alt waren, wie sie miteinander beim Versteckspiel Spaß hatten. Das eine Kind versteckte sich in einem Karton, und wenn es mit dem Kopf wieder auftauchte, lachte das andere Kind sehr herzlich. Sie wiederholten das unermüdlich, bis wir alle mitlachen mussten.

Stichwort Karton: Kinder brauchen keine Unmengen an Spielsachen. Die Jüngsten sind mit sehr einfachen Dingen, wie Alltagsgegenständen, oft am glücklichsten.

Kinderreime, Fingerspiele, Bilderbücher, Singen und Bewegung gehören selbstverständlich auch in der Krippe zum Alltag. Ziel aller Aktivitäten ist, spielerisch die Grob- und Feinmotorik zu fördern, die geistige Entwicklung, wie die Sprachentwicklung, zu unterstützen und das soziale Miteinander zu erleben.

Bastelaktivitäten im herkömmlichen Sinn sind bei den Kleinsten nur bedingt möglich. Ich weiß, dass Eltern sich in der Regel über die Kunstwerke ihrer Kinder freuen, aber realistisch gesehen wird ein einjähriges Kind keine Christbaumkugel mit Schneeflocken bemalen können. Da hätten Sie dann wahrlich ein Genie. Es soll nicht Aufgabe der Betreuer sein, für die Eltern zu basteln. Ihre Zeit ist besser genutzt, wenn sie diese den Kleinsten widmen. Ein Handabdruck, sofern die Kinder es zulassen, „Krixi-kraxi-Bilder" und ähnlich einfache Dinge sind wohl eher die Kunstwerke, die Sie sich von Ihrem etwa einjährigen Sprössling erwarten können. Ab dem Alter von circa zwei Jahren gibt es etwas mehr Möglichkeiten, dennoch muss die Sinneserfahrung bei all den Mal- und Bastelaktivitäten im Vordergrund stehen und der Weg zum Produkt zählen, nicht das Produktergebnis. Wird das von allen beteiligten Erwachsenen so umgesetzt und akzeptiert, wird Ihr Kind auch im kreativen Bereich von der Krippe profitieren (Abb. 5.3).

Abb. 5.3 Baby malt mit Fingerfarben (© karelnoppe/stock.adobe.com)

> **Tipps für die Suche nach dem geeigneten Krippenplatz**
>
> - Beginnen Sie rechtzeitig mit der Suche, am besten noch während der Schwangerschaft.
> - Informieren Sie sich im Vorfeld über die Kinderkrippe (Homepage, Konzept, Bekanntenkreis).
> - Überlegen Sie sich Fragen zu Themen, die für Sie wichtig sind (selbstgekochtes Essen, Schlafmöglichkeit, Öffnungszeiten).
> - Versuchen Sie, einen Besichtigungstermin während des Betriebes zu bekommen oder fragen Sie nach einem Schnuppertag.
> - Lassen Sie sich das Konzept erklären.
> - Fragen Sie nach dem Betreuungsschlüssel und der Gruppengröße (Anzahl der Kinder).
> - Lassen Sie sich den Ablauf der Eingewöhnung erklären.
> - Gibt es einen Garten, oder wird mit den Kindern in den Park gegangen?
> - Wie hoch sind die Kosten, welche Förderungen gibt es?

5.3 Keine Angst vor der Eingewöhnung

Der Eingewöhnung möchte ich hier besonders viel Aufmerksamkeit schenken, da es ein sehr sensibles Thema ist und Eltern diesem Schritt oft mit Sorge entgegensehen. Nicht nur die Kinder leiden unter Trennungsängsten, sondern auch Mütter und Väter. Wie können Sie den Übergang zwischen Familie und Krippe für Ihr Kind am besten gestalten, sodass es möglichst stressfrei für alle Beteiligten ist, dass Ihr Kind sich in seiner neuen Umgebung wohlfühlt und Sie beruhigt Ihren Beruf nachgehen können? Ich weiß, dass die Eingewöhnungszeit von den verschiedenen Kindertagesstätten sehr unterschiedlich gehandhabt wird, aber gerade in der Krippe wird eine sehr behutsame und individuelle Vorgangsweise für die Eingewöhnungsphase empfohlen.

Nehmen Sie sich mindestens drei bis vier Wochen (unter Umständen kann es auch länger dauern) für die Eingewöhnung Zeit. Die tatsächliche Zeit, die ein Kind braucht, um sich an die Trennung und die neue Situation zu gewöhnen, ist individuell sehr verschieden. Sie können Ihr Kind auf die Situation in der Kindergruppe vorbereiten. War Ihr Kind bis jetzt noch nie von Ihnen getrennt oder hat es womöglich eine negative Trennungserfahrung gemacht, müssen Sie sich auf eine längere Phase der Adaption einstellen. Bleibt Ihr Kind problemlos ein paar Stunden bei den Großeltern oder einer Babysitterin, wird die Trennung für Ihr Kind möglicherweise weniger schmerzvoll sein.

Das Berliner Eingewöhnungskonzept und das Münchener Eingewöhnungsmodell
Im deutschsprachigen Raum sind besonders zwei Konzepte für die Eingewöhnungsphase in Krippen bekannt, vielleicht

sind Sie bei der Suche nach einen Betreuungsplatz für Ihr Kind schon einmal auf das Berliner oder das Münchener Eingewöhnungsmodell stoßen. Beide Konzepte beruhen auf den Erkenntnissen der Bindungstheorie von Bowlby und Ainsworth und ermöglichen den Kindern einen langsamen, behutsamen Übergang von der innerfamiliären in die außerfamiliäre Betreuung. Beim Berliner Modell verhalten sich die Eltern zu Beginn eher passiv im Gruppenraum, sie sind als sicherer Hafen für ihr Kind da. Erst wenn das Kind Vertrauen in seine neue Umgebung und zu einer Betreuerin oder einem Betreuer gefunden hat, sind längere Abwesenheiten der Eltern möglich (siehe weiter unten im Beispiel). Beim Münchener Modell werden das Kind und seine Mutter beziehungsweise sein Vater von Beginn an aktiv in den Krippenalltag miteinbezogen. Eltern sollen mit ihren Kindern alle Phasen eines Tagesablaufes mehrmals durchlaufen, bis sich die Kinder wohlfühlen und alles verstanden haben. Außerdem wird der Krippe empfohlen, nicht mehrere neue Kinder gleichzeitig einzugewöhnen, um dem einzelnen Kind die volle Aufmerksamkeit zu schenken. Jede pädagogische Leitung wird das sowieso versuchen, denn es liegt auch in ihrem Interesse, Stress zu vermeiden. Es ist bekannt, dass sich Kinder mit ihren Emotionen untereinander anstecken, und wenn dann mehrere Kinder gleichzeitig zu weinen beginnen, steigt der Stresspegel bei allen Beteiligten an.

Allerdings verlangt diese langsame, behutsame Eingewöhnung des neuen Kindes in der Gruppe einen hohen Zeitaufwand und ist in der Praxis des Krippenalltags oft schwer umsetzbar. Hier braucht das betreuende Personal ein hohes Maß an Feinfühligkeit und Flexibilität. Leider ist es oft so, dass – bedingt durch frei werdende Plätze im September: Die Schule beginnt im September, Kita-Plätze werden dadurch frei und folglich werden Krippenplätze frei – die Eingewöhnungszeit mehrerer Kinder auf September und Oktober konzentriert ist. Es ist in den meisten Krippen weder organisatorisch noch kostentechnisch möglich, eine so langsame und intensive Eingewöhnung pro Kind vorzunehmen. Außerdem wird die beste Planung schnell durch Krankheit der neuen Kinder oder andere unvorhergesehene Ereignisse über den Haufen geworfen. Und schließlich haben die wenigsten Eltern ewig Zeit, denn irgendwann wartet der Job. Deshalb steht in den Konzepten der Krippen meistens: „In Anlehnung an das Berliner/ Münchner Modell". Diese werden dann oft kombiniert und an die Gegebenheiten angepasst. Sie können die Krippe bei der Organisation unterstützen, indem Sie Zeiten einhalten und auf das Wissen und die Erfahrung der Fachkräfte vertrauen.

Hier ein Beispiel für das Berliner Konzept mit Tipps aus der Praxis
1. Phase, 1.–3. Tag: Annäherung: Ein Elternteil bleibt maximal ein bis zwei Stunden mit seinem Kind in der Gruppe. Es gilt Vertrauen aufzubauen, Sie sind die sichere Basis für Ihr Kind. Setzen Sie sich an den Rand des Gruppenraumes, sodass Ihr Kind Sie gut sehen kann. Verhalten Sie sich möglichst natürlich, andere Kinder werden möglicherweise auf Sie zukommen, Ihnen Spielsachen bringen. Gehen sie darauf ein, zeigen Sie Ihrem Kind, dass dieser Ort das Selbstverständlichste auf der Welt ist. Die Betreuer werden sich anfangs sehr zurückhaltend einbringen, greifen aber erste Annäherungen seitens Ihres Kindes auf.

Erinnern Sie sich an die Skizze mit der Waage im Kap. 2 Sichere Bindung? Sie können dieses Verhalten von Sicherheit und Neugier jetzt gut an Ihrem Kind beobachten.

> **Beispiel**
>
> Sybille krabbelt von der Mama weg, ein Spielzeugauto hat ihr Interesse geweckt, sie beginnt damit zu spielen. Da kommt Hugo herbeigekrabbelt und nimmt Sybille das Auto aus der Hand. Sybille krabbelt zur Mama und will auf ihren Schoß, sie braucht für einen Moment Sicherheit und Geborgenheit. Es dauert nicht lange und sie will wieder auf Entdeckungsreise gehen.

2. Phase, 4.–5. Tag: Sie können für kurze Zeit den Raum verlassen, bleiben aber in der Nähe. Verabschieden Sie sich von Ihrem Kind und stehlen Sie sich nicht heimlich davon. Abhängig davon, wie sich Ihr Kind verhält, wird gemeinsam mit der Gruppenleitung die weitere Vorgehensweise besprochen. Wichtig ist, dass sich Ihr Kind von einem Betreuer beruhigen lässt. Beruhigt sich Ihr Kind nicht, kommen Sie wieder zurück. Lassen Sie sich nicht entmutigen, wenn Ihr Kind weint, dann geben Sie ihm die Zeit, die es braucht. Es ist völlig normal, dass Ihr Kind weint, schließlich erleidet es einen Verlust. Kleine Kinder haben auch noch keinen Zeitbegriff. Mit Sätzen wie „ich bin in zehn Minuten wieder da" können so kleine Kinder nichts anfangen. Indem Sie nach kurzer Zeit wieder zurückkommen, lernt das Kind jedoch Vertrauen aufzubauen, und nach und nach kann die Zeit der Abwesenheit ausgedehnt werden.

Wichtig ist in den ersten Phasen, dass Eltern und das pädagogische Personal gut zusammenarbeiten, miteinander kommunizieren und die weitere Vorgehensweise abstimmen. Schließlich kennen Sie als Eltern Ihr Kind am besten und können das Betreuungspersonal über dessen Vorlieben, individuelle Gewohnheiten oder diverse Beruhigungsmöglichkeiten vor Ort informieren. Ihr Kind wird diese Vertrauensbasis, die sich dadurch zwischen Eltern und Betreuer bildet, spüren. Die Betreuer*innen wiederum bringen Erfahrung und Fachwissen mit.

Manchmal passiert es, dass Kinder in der Anfangsphase so begeistert und abgelenkt von ihrer neuen Umgebung sind, dass sie nicht realisieren, dass Mama oder Papa weggehen, auch wenn sich diese verabschieden. Sie weinen nicht und zeigen auch sonst keine ängstlichen Reaktionen. Das verleitet die Erwachsenen manchmal dazu, eine Phase zu überspringen oder gleich zu Beginn länger wegzubleiben. Plötzlich merkt das Kind, dass etwas nicht stimmt, es fühlt sich unwohl und sucht nach seiner Hauptbezugsperson. Sind Sie dann nicht schnell genug verfügbar, weil Sie – im Glauben, dass alles bestens ist – schon zu weit weg sind, dann kann dies die zu Beginn gut funktionierende Eingewöhnung stören, denn Ihr Kind hat noch kein Vertrauen zu den neuen Betreuer*innen gefunden. Es kann passieren, dass es beim nächsten Krippenbesuch ängstlich reagiert. Also am Anfang lieber Vorsicht walten lassen und nicht zu weit weggehen.

3. Phase, 2.–3. Woche: Wenn sich Ihr Kind von einer Pädagogin oder einem Pädagogen trösten lässt und sich beruhigt, sind längere Trennungsphasen möglich. Vielleicht hält Ihr Kind schon bis zum Mittagessen durch. Wenn Sie Ihr Baby stillen, kann es vorkommen, dass es anfangs die Flaschenkost verweigert, vor allem von noch nicht so vertrauten Personen. Dann sind längere Trennungsphasen nur schwer möglich, denn spätestens, wenn Ihr Kind wieder Hunger bekommt, müssen Sie wieder da sein. Aber auch das können Sie zu Hause üben, indem Sie zwischendurch Fläschchen anbieten und diese Aufgabe zum Beispiel der Papa oder die Oma/der Opa übernimmt. Auch das Schlafen in der Krippe stellt manchmal eine kleine Hürde dar. Kleine einfache Schlafrituale, die es zu Hause gibt, können Ihrem Baby auch in der Krippe helfen, leichter in den Schlaf zu finden. Die Eingewöhnungszeit muss mit dem Schlafrhythmus Ihres Kindes koordiniert werden. Schläft ein Baby immer von zehn bis elf Uhr vormittags, ist es nicht sinnvoll, die Eingewöhnung während dieser Zeit zu planen.

4. Phase, ab der 3. oder 4. Woche: Es sollte geschafft sein. Ihr Kind kommt gerne in die Krippe, hat Spaß und auch das Essen klappt. Wenn Ihr Kind zudem gut in der Krippe schlafen kann, ist die Eingewöhnung geschafft. Manchmal kommt es zu kleinen Rückfällen. Nach Krankheit, Urlaub oder beim nächsten größeren Entwicklungsschritt fangen manche Kinder wieder zu weinen an, wenn sie am Morgen in die Kindergruppe kommen. Aber der Protest sollte nur von kurzer Dauer sein, meistens ist alles vergessen, sobald die Eltern aus der Tür draußen sind.

Bei Babys kann die Eingewöhnung sogar schneller und leichter funktionieren als z. B. mit einem anderthalbjährigen Kind. Doch auch Babys spüren, dass sie in einer fremden Umgebung sind. Es gibt ungewohnte Geräusche, die Betreuerin riecht anders als die Mama, der Betreuer hat eine tiefere Stimme als der Papa usw. – all das nehmen auch schon Babys wahr. Wie es dann mit der ihm fremden Situation umgeht, ist schwer vorauszusagen und hängt von vielen Umständen ab. Zum Beispiel davon, ob das Kind bereits soziale Erfahrungen außerhalb der Familie machen konnte, wie die Kind-Eltern-Beziehung bisher verlief und auch vom Charakter und Temperament des Kindes (schüchtern, neugierig …).

Das beste Eingewöhnungskonzept ist keine Garantie dafür, dass Ihr Kind nicht weint, wenn Sie den Gruppenraum verlassen. Die Adaption an die neue Situation verläuft meistens nicht linear, sondern kann immer wieder durch Irritationen unterbrochen werden und muss dann wieder neu angepasst werden.

Tipps für die Eingewöhnung

- Klappt die Eingewöhnung mit der Mama nur schwer, kann es der Papa versuchen oder umgekehrt. In manchen Fällen hilft es sogar, wenn die Großeltern die Kinder in die Krippe bringen. Es kann Ihrem Kind dabei helfen, mit der Situation besser zurechtzukommen.
- Trennungssituationen vorher üben: Ist Ihr Kind vorher schon mal ein paar Stunden bei Oma und Opa oder bei einem Babysitter gewesen, so ist es die Trennung gewohnt und wird sich leichter tun. Also ermöglichen Sie Ihrem Kind soziale außerfamiliale Erfahrungen, bevor Sie mit der Krippe beginnen.
- Vermeiden Sie während der Eingewöhnung Unterbrechungen. Eine Woche die Krippe zu besuchen und dann in Urlaub zu fahren, kann sich ungünstig auf diese heikle Phase auswirken. Wenn Ihr Kind während der Eingewöhnungszeit krank wird, müssen Sie damit rechnen, dass die Adaption länger dauert.
- Vermeiden Sie beim Verabschieden unnötige Verzögerungen: Tschüss sagen, Bussi geben und dann gehen, klingt hart, ist aber besser als bei offener Tür stehen zu bleiben oder womöglich wieder in den Raum zurückzukommen, weil Ihr Kind weint. Es verunsichert Ihr Kind, das Ihre Sorge spürt. Seien Sie überzeugt von dem, was Sie tun, und vermitteln Sie Ihrem Kind Sicherheit.
- Geben Sie Ihrem Kind ein von ihm selbst gewähltes Lieblingsobjekt mit. Es kann das Kuscheltier sein, ein Schmusetuch oder der Ihr Schal. Dieses sogenannte Übergangsobjekt, ein von Donald Winnicott geprägter Begriff, hilft Ihrem Kind, zwischen dem Ich und seiner Umwelt zu unterscheiden. Es tröstet und hilft Ihrem Kind, seine Ängste zu bewältigen.

5.4 Anregungen für einen guten Krippenalltag

Eine gute Kommunikationsbasis zwischen Eltern und Betreuungspersonal ist für unsere Kleinsten sehr wichtig. Dem „Tür- und Angelgespräch" wird in der Kinderkrippe besondere Bedeutung zugemessen. Nehmen Sie sich Zeit für ein paar Worte bei der Übergabe oder beim Abholen. Wie die Nacht war, ob Ihr Kind Zahnweh oder Bauchweh hatte, sind wichtige Informationen für die Pädagogen, um Ihr Kind besser zu verstehen. Alle Änderungen in Ihrem Familienalltag können schnell zu Irritationen bei Ihrem Kind führen, die sich dann wiederum im Krippenalltag bemerkbar machen.

Umgekehrt werden Sie von de Betreuer*innen wissen wollen, wie der Tag in der Krippe war. Meistens werden Notizen darüber gemacht, wann Ihr Kind gegessen und geschlafen hat und wann es die letzte Windel bekam. Sogar über Art und Menge der Ausscheidungen Ihres Kindes wird berichtet. Selbstverständlich werden Sie die Pädagogen auch über Entwicklungsschritte und Aktivitäten Ihres Kindes aufklären.

Erziehungspartnerschaft ist eine gleichberechtigte Beziehung zwischen Betreuungspersonal und Eltern. Vertrauen und gegenseitiger Respekt gehören ebenso zu einem guten Verhältnis wie regelmäßige Gespräche und Austausch. Je kleiner die Kinder sind, umso wichtiger ist, dass Eltern am Krippenleben ihrer Kinder teilhaben. Kinder spüren, wenn Betreuer und Eltern einen guten Draht zueinander haben. Das erleichtert ihnen den Übergang von zu Hause in die Krippe und birgt die Chance auf ein größeres Vertrauen in die fremde Umgebung.

5.5 Argumente für die Krippe

- Durch die veränderte Lebenssituation von Familien (wenig bis keine Geschwister, Alleinerzieher*innen, fehlende Großeltern, Berufstätigkeit beider Elternteile), kann die Krippe einen wertvollen ergänzenden Beitrag für Familien leisten.
- Die Krippe bietet für unsere Kleinsten Entwicklungsanreize in einer anregenden Umgebung, und so erweitern die Jüngsten spielerisch ihren Horizont.
- Die Räumlichkeiten und Ausstattung einer Krippe sind kleinkindgerecht und sicher gestaltet. Kinder haben hier meistens mehr Experimentiermöglichkeiten als zu Hause.
- (Abb. 5.4) Die Krippe fördert soziale Kompetenz und das Kooperationsverhalten. Die Kooperationsbereit-

Abb. 5.4 Spielende Babys in der Krippe berühren sich und nehmen Kontakt auf (© santypan/stock.adobe.com)

schaft ist ein soziales Verhalten, das angeboren scheint. Kinder im zweiten Lebensjahr zeigen erstaunliche Fähigkeiten zur Kooperation, nicht nur gegenüber Erwachsenen, sie erkennen Ziele anderer und helfen ihnen spontan, sie zu erreichen (Tomasello 2010). In Kinderkrippen können wir diese Kooperationsbereitschaft sehr gut beobachten.

> **Beispiel**
>
> Mona, ein Jahr, beginnt in der Gruppe plötzlich zu weinen. Der 15 Monate alte Sebastian nimmt Ihr Kuscheltier, das er unter dem Tisch findet, und bringt es ihr.

- Studien zeigen, dass Kinder, die mehrere Bezugspersonen haben, ein ausgeprägteres Sozialverhalten entwickeln.
- Eltern können Kontakte zu anderen Eltern knüpfen und sich mit ihnen und dem Betreuungspersonal austauschen. Bei Bedarf können sie Unterstützung bei Erziehungsfragen erhalten.

5.6 Argumente gegen die Krippe

- Da sich das Immunsystem beim Baby erst ausbildet, müssen Sie damit rechnen, dass Ihr Kind in der ersten Krippenbesuchszeit öfters krank wird. Es gibt robustere Kinder und andere, die jede Erkältung erwischen. Dafür sind diese Kinder später, im Kindergarten oder der Schule, besser gegen Krankheiten gefeit.
- In Studien wurde bei Krippenkindern ein höherer Kortisolwert gemessen, ein Indikator für hohen Stress. Durch Berührung, Streicheln und persönlicher Zuwendung kann dieser Kortisolwert nachweislich gesenkt werden. Bei Kindern, die sich wohlfühlen in der Krippe, sinkt

der Kortisolwert nach einiger Zeit, anders als bei Kindern, die mit der Situation überfordert sind, oder bei schlechter Krippenqualität.
- Wenn Sie das Gefühl haben, dass der Krippenplatz nicht das Richtige für Ihr Kind ist, da es unentspannt ist, viel weint, schlecht schläft, sollten Sie über andere Lösungen nachdenken. Manche Kleinkinder sind schlichtweg mit der Situation überfordert, dann fällt der Stresspegel mit der Zeit auch nicht ab. Sicherlich kommt es auch auf die schon angesprochene Qualität der Krippe und auf die Gruppengröße an.
- Die notwendige Bindung zu Bezugspersonen ist in Krippen oft schwieriger umsetzbar.
- Eine zu lange Aufenthaltsdauer in der Krippe ist für unsere Kleinsten sehr anstrengend. Ich wehre mich daher ein wenig gegen die Forderung nach mehr Flexibilität und längeren Öffnungszeiten für Krippen und Kitas. Nach achtstündigem Krippenalltag haben die Kinder unter drei Jahren einen anstrengenden Tag hinter sich und freuen sich auf ungeteilte Aufmerksamkeit. Ob dann die Mama oder der Papa das Kind abholt, die Großeltern oder ein Kindermädchen einspringt, ist weniger relevant, als dass diese Person diesen Anspruch erfüllt.

5.7 Kosten und Förderungen

Die Kosten für einen Betreuungsplatz in einer Kinderkrippe sind so unterschiedlich wie das Angebot selbst. Ein guter Krippenplatz mit ausreichend Personal kostet insgesamt ca. 1000 Euro pro Kind und Monat. In der Krippe liegen die Kosten für das Personal bei über 70 Prozent der Gesamtkosten. Wie hoch der Anteil der Eltern ist, also der

Monatsbeitrag, variiert sehr stark und hängt von örtlichen Subventionen ab. Die Kosten öffentlicher Krippen sind meistes günstiger, da sie bezuschusst werden.

In Deutschland gelten seit Sommer 2019 für Kita-Plätze gestaffelte Gebühren, je nach Familieneinkommen. Familien mit sehr kleinem Einkommen müssen grundsätzlich keine Gebühren zahlen. Außerdem können die Kosten für Kinderbetreuung als Sonderausgaben in der Steuererklärung angesetzt werden.

Achtung! In Österreich war das bis 2018 möglich, hier ersetzt jetzt der Familienbonus Plus die steuerliche Absetzbarkeit der Kinderbetreuungskosten.

In Österreich gibt es in den Bundesländern unterschiedliche Unterstützungsleistungen. Die Stadt Wien zum Beispiel fördert jeden Kinderbetreuungsplatz, und die Eltern bezahlen die Kosten, die über das Angebot hinausgehen. Diese sind je nach Angebot, Alter des Kindes und Betreuungsschlüssel sehr unterschiedlich. Wie viel ein Platz kostet, hängt natürlich auch von der Zahl der Stunden ab, die das Kind in der Gruppe verbringt.

Die Kosten eines Krippenplatzes setzen sich aus Betreuung und Verpflegung zusammen und sind abhängig

- vom Betreiber bzw. vom Träger,
- von den Betreuungsstunden,
- vom Alter des Kindes,
- von Angebot und Betreuungsschlüssel,
- vom Standort.

Je nach Bundesland, egal ob in Österreich oder Deutschland, betragen die Kosten eines Krippenplatzes ungefähr zwischen 50 und 600 Euro pro Monat für die Eltern.

5.8 Hilfreiche Links

Deutschland
https://www.topkita.de/kita-finder
www.bildungsserver.de
www.familienportal.de
www.gute-kita-potal.de
www.fruehe-chancen.de
www.kita.de

Österreich
https://www.finanz.at/steuern/familienbonus-plus/
www.kinderdrehscheibe.net
https://www.oesterreich.gv.at › themen › kinderbetreuung
https://www.wien.gv.at/bildung/kindergarten/
https://www.wienerkindergruppen.org/
https://www.kigafinder.at/index.php?id=136/freie-plaetze

6

Wer wohnt denn da bei uns?

Inhaltsverzeichnis

6.1 Was macht ein Au-pair? 108
6.2 Wissenswertes für die Gastfamilie 108
6.3 Vorteile eines Au-pairs 110
6.4 Welche Nachteile können sich ergeben? 112
6.5 Rechtliches und Kosten 112
6.6 Tipps für die Suche 114
6.7 Hilfreiche Links 115

In diesem Kapitel erhalten Sie die wichtigsten Informationen und Tipps zum Thema Au-pair. Was sind die Rahmenbedingungen für Gastfamilien, die ein Au-pair aufnehmen und welche Kosten entstehen? Was gehört zu den Aufgaben eines Au-Pairs? Was sind die Vor- und Nachteile dieser Art der familiären Unterstützung?

Ergänzende Information Die elektronische Version dieses Kapitels enthält Zusatzmaterial, auf das über folgenden Link zugegriffen werden kann https://doi.org/10.1007/978-3-662-63770-8_6.

© Der/die Autor(en), exklusiv lizenziert an Springer-Verlag GmbH, DE, ein Teil von Springer Nature 2022
S. Marega, *Baby, Kleinkind und Job*,
https://doi.org/10.1007/978-3-662-63770-8_6

Lea ist zappelig und plappert unentwegt, während ich, Marta, angestrengt auf die Ankunftstafel am Flughafen Berlin Tegel starre. „Das Flugzeug aus Madrid ist jetzt gelandet", teile ich meiner Tochter mit und erkläre ihr, dass sie noch ein wenig geduldig sein muss, da Catarina noch auf ihre Koffer wartet. Lea darf unser selbst gebasteltes Schild hochhalten. Herzlich willkommen, Catarina! steht da drauf, damit unser neues Aupair uns gleich erkennt. Wir haben zwar schon einige Male miteinander geskypt, aber sicher ist sicher.

Endlich! Wir sehen eine winkende Hand und erkennen Catarina. Nach kurzer schüchterner Begrüßung stapeln wir ihre Koffer auf einen Gepäckwagen und machen uns auf den Weg zur Garage. Dann geht's Richtung Spandau, wo wir in einem Haus mit Garten wohnen. Lea ist im Auto plötzlich verstummt und ich versuche mich in Smalltalk auf Englisch, denn mein Spanisch ist nicht sehr gut. Catarina hat vor, hier ihre Deutschkenntnisse zu verbessern. Dazu wird sie sicherlich noch genug Gelegenheit haben, denn wenn alles gut geht, wird sie ein Jahr bei uns bleiben.

Wir sind eine fünfköpfige Familie: Mein Mann Klaus und ich, unsere dreijährige Tochter Lea und die zwei Monate alten Zwillinge Paul und Hugo. Mein Mann und ich entschlossen uns vor vier Jahren, uns mit einem Franchising-Projekt selbstständig zu machen. Neben Lea klappte das alles hervorragend, denn wir konnten uns die Zeit einteilen, Bestellungen und Bürokram erledigten wir von zu Hause aus. Lea besucht seit einem Jahr eine Kita in der Nähe unseres Wohnortes. Aber jetzt, mit den Zwillingen, ist es eine echte Herausforderung, unseren Job, Kinder und Haushalt unter einen Hut zu bringen. Unsere Eltern wohnen leider weit weg und können uns nur selten unterstützen. Daher hatten wir die Idee, ein Au-Pair zu uns zu holen. Diese Erfahrung ist ganz neu für uns, und wir sind schon sehr gespannt.

Lea und die Zwillinge teilen sich ein Zimmer, somit ist das andere Zimmer vorläufig für Catarina frei. Wir haben es nett für sie hergerichtet und hoffen, dass sie sich bei uns wohl fühlt. Zu ihren Aufgaben wird gehören, Lea vom Kindergarten abzuholen und bei den Zwillingen zu helfen. Wir haben uns für ein spanisch sprechendes Au-pair entschieden, damit unsere Kinder von klein auf mit der spanischen Sprache in Kontakt kommen, da meine Großeltern väterlicherseits aus Valencia stammen.

Mittlerweile ist Catarina seit sechs Monaten bei uns. Bis auf einen kleinen Zwischenfall, der uns Sorgen bereitete, da sie ins Spital musste, läuft alles hervorragend. Sie besucht drei Mal in der Woche einen Deutschkurs. Das ist im Au-Pair-Programm so vorgesehen. Bei uns zu Hause spricht sie mit den Kindern und mir meistens spanisch. Mit Klaus spricht sie deutsch. Die Kinder haben sie sehr schnell ins Herz geschlossen, vor allem Lea ist ganz verrückt nach Catarina. Auch Catarina fühlt sich bei uns sehr wohl und wir spüren, dass sie unsere Kinder wirklich mag. Catarina ist zwanzig Jahre und hat schon Erfahrung mit Babys, da sie in Spanien eine Ausbildung zur Säuglingskrankenschwester macht. Ihre Deutschkenntnisse sind mittlerweile auch schon viel besser als zu Beginn und Lea hat begonnen, einige Wörter auf Spanisch zu sagen. Sie singt sogar schon ein einfaches spanisches Kinderlied. Eine „win- win" Situation auf allen Ebenen. Am Wochenende unternehmen wir manchmal etwas gemeinsam und sogar an den Sonntagen, wenn Catarina eigentlich frei hat, macht sie gerne mit uns Ausflüge. Wir versuchen ihr möglichst viele Sehenswürdigkeiten und interessante Ausflugsziele von Berlin und Umgebung zu zeigen, sofern es unsere knappe Freizeit zulässt.

Mein Mann und ich sind beide sehr beschäftigt und ohne unser Au-Pair wüssten wir gar nicht wie wir das schaffen sollen. Wir sind jetzt schon traurig, wenn wir an den Abschied denken. Aber noch genießen wir die Zeit mit Catarina und wir möchten unbedingt auch nach ihrer Zeit bei uns mit ihr in Kontakt bleiben.

6.1 Was macht ein Au-pair?

Das Wort „Au-pair" kommt aus dem französischen und bedeutet „auf Gegenleistung", „auf gleicher Basis". Das Modell des Au-pairs reicht bis ins 18.Jahrhundert zurück und stammt aus der Schweiz. Mädchen aus wohlhabenden Familien wurden zu Familien ins Ausland geschickt, damit sie dort eine andere Sprache lernen konnten und kulturelle Bildung erhielten.

Au-pairs gibt es heute weltweit und noch immer ist der kulturelle Austausch eines der Hauptziele des Au-pair Programms. Au-pairs sind junge Personen, die im Ausland bei einer Gastfamilie leben und dort im Gegenzug für Unterkunft, Verpflegung und etwas Taschengeld bei der Kinderbetreuung und leichter Hausarbeit helfen. Es ist eine kostengünstige Möglichkeit für junge Mädchen und junge Burschen, eine andere Kultur kennenzulernen, Erfahrungen zu sammeln und ihre Fremdsprachkenntnisse zu verbessern. Das Au-pair wiederum bringt seine eigene Kultur und Sprache in die Gastfamilie. Im Idealfall profitieren alle Beteiligten von dem gemeinsamen kulturellen Austausch.

6.2 Wissenswertes für die Gastfamilie

Wenn Sie bereit sind, einen jungen Menschen bei sich aufzunehmen sowie an Ihrem Familienleben teilhaben zu lassen und an einem kulturellen Austausch interessiert sind, bietet das Au-pair-Programm eine interessante Alternative beziehungsweise Ergänzung zur herkömmlichen Kinderbetreuung. Ein Au-pair kann dabei helfen, einen guten Ausgleich zwischen Berufsleben und Familie zu schaffen.

6 Wer wohnt denn da bei uns?

Allerdings gibt es Rahmenbedingungen, die die Lebens- und Arbeitsbedingungen als auch die Rechte und Pflichten des Au-pairs und der Gastfamilie regeln. Je nachdem, aus welchem Land das Au-pair kommt bzw. wo sich das Gastland befindet, variieren diese Bedingungen.

Es gibt aber Grundlegendes, das Sie wissen sollten, wenn Sie sich als Gastfamilie für ein Au-pair bewerben:

Die äußeren Rahmenbedingungen sind leicht erklärt
- Sie müssen mindestens ein Kind unter 18 Jahren haben.
- Sie müssen für die vollständige Verpflegung aufkommen und die übrigen Kosten tragen können (siehe Punkt Kosten).
- Es muss ein eigenes absperrbares Zimmer in Ihrer Wohnung oder Ihrem Haus zur Verfügung stehen. Eigene sanitäre Anlagen sind nicht erforderlich. Die Unterbringung in einer eigenen Wohnung, außerhalb der Familienwohnung ist erlaubt. (Meldepflicht beachten)
- Das Au-pair muss die Möglichkeit haben, einen Sprachkurs zu besuchen.
- Das Au-pair muss zwischen 18 und 27 Jahren alt sein und über Deutschkenntnisse verfügen.
- Die Aufenthaltsdauer beträgt maximal ein Jahr.

Folgende Überlegungen sollten Sie anstellen, bevor Sie an einen Vertrag denken oder ein Profil als Gastfamilie erstellen
- Aus welchem Land soll Ihr Au-pair kommen? Welche Fremdsprache bevorzugen Sie?
- Bei Au-pairs, die nicht aus der EU oder der Schweiz kommen, müssen Sie mit einer längeren Vorlaufzeit rechnen, weil das Au-pair ein Visum benötigt.
- Wie lange planen Sie die Aufenthaltsdauer?
- Wie sind Arbeitszeiten, Freizeiten und der Urlaub geregelt?

- Welche gemeinsamen Unternehmungen und Traditionen wollen Sie mit Ihrem Au-Pair teilen? (z. B. Familienfeiern, Ausflüge, Urlaube)
- Welche kulturellen Tipps können Sie dem Au-pair geben?
- Was können Sie dazu beitragen, damit sich Ihr Au-pair in Ihrer Familie integriert und wohl fühlt?
- Was wird zu den Aufgaben Ihres Au-pairs gehören? Je konkreter Sie darüber sprechen, je eher können Missverständnisse vermieden werden.
- Braucht das Au-pair einen Führerschein?

Hier ein paar Beispiele von klassischen Aufgaben eines Au-pairs
Die Kinder in die Schule, Kita, Krippe bringen oder abholen, einfache Mahlzeiten zubereiten, Baby füttern, wickeln und mit ihm spielen. Mit den Kindern in den Park gehen oder sie zu Freizeitaktivitäten begleiten. Auch Babysitting, zum Beispiel am Abend, gehört zu den Aufgaben eines Au-Pairs. Ebenso darf es leichte Haushaltätigkeit durchführen, wie aufräumen, Wäsche aufhängen, Geschirrspüler ausräumen. Auf keinen Fall soll das Au-pair als Haushaltshilfe missbraucht werden (Abb. 6.1, Audiodatei 6.1).

6.3 Vorteile eines Au-pairs

Durch die regelmäßige Anwesenheit und Familienzugehörigkeit eines Au-Pairs, kann Ihr Kind schnell eine gute Beziehung zu ihm aufbauen. Nach und nach werden Sie und Ihre Familie das Au-Pair besser kennenlernen und ihm so das nötige Vertrauen entgegenbringen, das Sie sich wün-

Abb. 6.1 Au-pair mit Baby im Park *(© New Africa/stock.adobe. com)* ((Audiodatei 6.1) (Interview mit Au-pair Tiffany))

schen, wenn Sie ihm Ihr kleines Kind überlassen, auch wenn Sie nicht anwesend sind. Das wird Ihre Flexibilität erhöhen und Sie können leichter die Aufgaben von Beruf und Familie jonglieren. Außerdem haben Sie eine Vertrauensperson zur Hand, die kurzfristig einspringen kann und auch mal abends als Babysitter fungiert.

Ihr Kind lernt durch das Zusammenleben mit einer Person aus einem anderen Land auf natürliche Weise eine andere Sprache und Kultur kennen. Vielleicht sind Sie eine zwei- oder mehrsprachige Familie? Dann kann das Au-pair für Ihre Kinder eine sprachliche Unterstützung sein. Wenn das Au-pair Geschichten, Lieder und Kinderreime aus seinem Heimatland mitbringt, lernt Ihr Kind auf spielerische Art eine fremde Sprache kennen. Somit ist ein Au-pair eine Bereicherung für die ganze Familie.

6.4 Welche Nachteile können sich ergeben?

Ein Au-pair wird für eine längeren Zeitraum Teil Ihrer Familie. Seien Sie sich bewusst, dass Sie Ihre Privatsphäre öffnen. Auch an so manchen Feiertagen und Wochenenden wird das Au-Pair an Ihrem Familienleben teilhaben. Manchmal treffen sehr unterschiedliche Erwartungen aufeinander. Sollte das Zusammenleben nicht nach Ihrer Vorstellung verlaufen, suchen Sie ehestmöglich das Gespräch. Die Agenturen unterstützen meistens bei der Problemlösung. Wenn es wirklich gar nicht funktioniert, ist ein Wechsel des Au-pairs möglich. Bedenken Sie, dass Au-pairs oft junge Menschen mit unterschiedlichen Interessen und Wünschen sind. Manchmal werden junge Au-pairs zudem von Heimweh geplagt. Auch die bisherigen Erfahrungen und Kenntnisse, die ein Au-pair mitbringt, weichen stark voneinander ab.

6.5 Rechtliches und Kosten

Die Arbeitszeit und der Urlaubsanspruch werden in einem Vertrag geregelt. Die Arbeitszeit für ein Au-pair beträgt in Österreich 18 Wochenstunden, in Deutschland bis zu 30 Wochenstunden, inklusive Babysitting (auch abends).

Im Au-pair Vertrag wird folgendes geregelt
- Arbeitszeit und Freizeit
- Aufgaben des Au-pairs
- Dauer des Aufenthaltes und Urlaub
- Verdienst
- Sprachkurs
- Versicherung

Deutschland: Das Au-pair erhält ein Taschengeld in der Höhe von 280,- Euro pro Monat, es unterliegt somit nicht der Sozialversicherungspflicht. Zudem müssen Sie die Kurskosten von 50,- übernehmen und die Kosten der Versicherung von ca. 40 Euro im Monat. Wenn Sie das Geld überweisen, können Sie die Ausgaben von der Steuer absetzen. In bar bezahlte Beträge werden beim Finanzamt nicht anerkannt.

Auch ist es üblich, die Fahrtkosten für den öffentlichen Verkehr zu übernehmen.

Die Arbeitszeit beträgt maximal sechs Stunden am Tag (30 Stunden pro Woche): Einen Tag pro Woche und vier Abende in der Woche muss Ihr Au-pair frei haben und ein freier Tag im Monat muss ein Sonntag sein. Bei einem vollen Jahr Aufenthalt hat das Au-pair Anspruch auf vier Wochen bezahlten Urlaub,

Au-Pairs aus nicht EU-Ländern benötigen ein gültiges Visum und dürfen im Gastland keine weitere Tätigkeit ausüben.

Österreich: Hier wird der Verdienst eines Au-pairs offiziell als Gehalt angesehen, welches am Ende jedes Monats ausbezahlt wird. Das Gehalt eines Au-pairs beträgt 475,86 Euro brutto (Stand 2021). Gemäß dem Allgemeinem Sozialversicherungsgesetz (ASVG) muss die Gastfamilie das Au-pair bei der gesetzlichen Sozialversicherung anmelden. Die Gastfamilie zahlt die Beiträge für die Unfallversicherung an die Gebietskrankenkasse.

Ferner muss das Au-pair während des gesamten Aufenthaltes in Österreich krankenversichert sein. Eine Krankenversicherung muss bei einem privaten Versicherungsträger abgeschlossen werden. Die Kosten dafür trägt das Au-pair. Eine ausländische Krankenversicherung ist nur dann ausreichend, wenn die Leistungen auch in Österreich in Anspruch genommen werden können (AuPairWorld)

Zudem bekommt das Au-Pair Urlaubs- und Weihnachtsgeld ausbezahlt (anteilig bei einer Aufenthaltsdauer unter einem Jahr).

Die Arbeitszeit beträgt 18 Wochenstunden. Das Au-pair hat Anspruch auf mindestens einen freien Tag in der Woche. Bleibt das Au-pair ein ganzes Jahr, hat es Anspruch auf 30 Tage bezahlten Urlaub (anteilig bei einer Aufenthaltsdauer unter einem Jahr)

Die Sprachkurskosten muss die Gastfamilie zur Hälfte übernehmen. Die Fahrtkosten für den öffentlichen Verkehr bezahlt meistens die Gastfamilie.

Au-Pairs aus Drittstaaten benötigen ein gültiges Visum und dürfen im Gastland keine weitere Tätigkeit ausüben.

6.6 Tipps für die Suche

- Agenturen haben meistens eine große Auswahl an Au-pairs, helfen bei der Vermittlung und behördlichen Angelegenheiten und geben bei Problemen Hilfestellung. Meistens wird jedoch eine Vermittlungsgebühr verlangt.
- Erstellen Sie ein möglichst genaues Profil. Je präziser Ihre Angaben und Wünsche sind, umso eher finden Sie die zu Ihrer Familie passende Person.
- Überlegen Sie sich einen detaillierten Wochenplan.
- Wenn Sie ein Baby haben, fragen Sie nach Referenzen.
- Videotelefonie bietet eine sehr gute Möglichkeit, dass sich Au-pair und Gastfamilie besser kennenlernen.
- Ein Gespräch oder kurzes Kennenlernen der Eltern des Au-pairs kann hilfreich sein, vor allem bei sehr jungen Leuten.

6.7 Hilfreiche Links

www.aupairworld.com/de/au-pair-programme/deutschland
https://www.guetegemeinschaft-aupair.de/de/
www.culturalcare.at
www.aupairaustria.at

7

Mama und Papa gehen aus

Inhaltsverzeichnis
7.1   Babysitting gefragt? 119
7.2   Babysitter-Kosten und Rechtliches 121
7.3   Hilfreiche Links 123

Was müssen Eltern beachten, wenn sie einen Babysitter engagieren? Was kostet ein Babysitter? Welche Gesetze sollen beachtet werden?

Ich schleiche auf Zehenspitzen aus dem Kinderzimmer und schließe leise die Tür. Nachdem ich Nora fünfmal die Geschichte „Gute Nacht, Gorilla" vorlas, derzeit ihr Lieblingsbuch, fielen ihr endlich die Augen zu. Ich bin Ronny, 17 Jahre und Noras Babysitter.

Ich kenne Nora schon, seit sie ein Baby ist, denn meine Eltern sind mit Noras Eltern befreundet. Jetzt ist Nora zwei Jahre alt. Wenn ich komme, um auf sie aufzupassen, freut sie sich sehr und ist oft leicht überdreht. Heute hat sie mir voller Stolz ihre neue Errungenschaft, das Kinderbett mit Rutsche, gezeigt, auf dem sie etwas wild herumturnte.

Noras Eltern treffen sich heute mit Freunden und gehen ins Kino. Da wir uns schon so lange kennen, fällt es ihnen leicht, das nötige Vertrauen in meine Babysitter-Künste zu haben. Ich durfte schon öfters auf Nora aufpassen und musste ihre Eltern

© Der/die Autor(en), exklusiv lizenziert an Springer-Verlag GmbH, DE, ein Teil von Springer Nature 2022
S. Marega, *Baby, Kleinkind und Job*,
https://doi.org/10.1007/978-3-662-63770-8_7

nur einmal anrufen. Da wachte Nora plötzlich auf und weinte. Sie fühlte sich heiß an und da dachte ich mir, dass sie wahrscheinlich Fieber hat. Ihre Eltern kamen so schnell wie möglich nach Hause und nahmen mir Nora ab, die mittlerweile in meinem Armen wieder eingeschlafen war. Sie sagten mir, dass es richtig war, sie anzurufen, auch wenn sich herausstellte, dass Nora nichts Schlimmes hatte, sie hatte anscheinend nur schlecht geträumt.

Ich glaube, Noras Eltern sind sehr froh, dass sie ab und zu Zeit für sich haben und ausgehen können.

Sogar gewickelt habe ich Nora schon oft, aber zum Glück war erst einmal eine Kack-Windel dabei, daran muss ich mich erst gewöhnen. Mittlerweile geht Nora aufs Klo, mit Hilfe einer Miniklobrille, damit sie nicht hineinfallen kann. Ich muss ihr nur für die Nacht eine Windel anziehen.

Heute spielten wir nach Noras wilder Turneinlage alle ihre Lieblingsspiele, und das sind so einige. Ich muss gestehen, dass ich dabei etwas die Zeit übersah, denn plötzlich bemerkte ich, dass Nora schon sehr müde wirkte. Ich wärmte uns das Abendessen, das Noras Mama vorbereitet hatte, half Nora beim Pyjama-Anziehen und Zähneputzen. Sie will schon alles allein machen, das dauert alles extrem lang. Zum Glück ist es egal, wenn Nora freitagabends etwas später ins Bett kommt, ihre Eltern sagen, dass das nicht schlimm ist. Sie hoffen sogar, dass sie am nächsten Morgen dann länger schläft – soviel ich weiß, ist das aber eine Illusion.

Als ich in der Schule erzählte, dass ich Babysitten gehe, fragte ein Typ aus meiner Klasse, warum ich Mädchenkram mache. Da fragte ich ihn, ob er noch im Mittelalter lebt. Ich spare mein Babysitter-Geld (wie ich finde, leicht verdientes Geld) für meinen ersten Sommerurlaub ohne Eltern, ich will mit Freunden nach Spanien und Portugal.

7.1 Babysitting gefragt?

Haben Sie keine Großeltern in der Nähe, die Ihnen ab und zu zur Hand gehen? Sind Sie völlig auf sich allein gestellt und finden kaum Zeit für sich?

Es ist allzu verständlich und völlig okay, Babysitter-Dienste in Anspruch zu nehmen. Ob für zwei Stunden, um in Ruhe Einkäufe zu erledigen, oder für etwas länger, damit Sie abends mal weggehen können. Es kann ein Arzttermin oder ein dringender Amtsweg anstehen – ein Babysitter ist hier für viele Eltern die Lösung. Sehr beliebt sind Babysitter aus dem Bekanntenkreis oder aus der Verwandtschaft. Der Vorteil: „Man kennt sich", kennt die Familie, den Background des Babysitters und hat somit eine gute Vertrauensbasis. Kennen Sie niemanden, der diesen Job übernehmen könnte? Dann gibt im Internet sehr viele Plattformen, die Babysitterdienste anbieten. Dort können Sie ein genaues Profil erstellen und gezielt eine Suche starten (siehe Abschn. 7.3).

Was bei allen anderen Betreuungsmodellen für Kleinkinder gilt, muss auch hier gelten: Eine langsame Herangehensweise, bei der Ihr Baby die Möglichkeit hat, den Babysitter kennenzulernen, ist das A und O. Der Vorteil des Babysittings ist, dass sich Ihr Kind in seiner vertrauten Umgebung befindet. Trotzdem werden Sie Ihr Kind niemandem überlassen wollen, den es nicht kennt. Planen Sie also rechtzeitig und lassen Sie Ihren Babysitter ein paar Mal vorher kommen und mit Ihrem Kind, wie bei der Eingewöhnung in der Krippe, nur mal kurz allein, aber bleiben Sie in der Nähe. Je nachdem, wie sich Ihr Kind verhält, können Sie beim nächsten Mal den Zeitraum etwas ausdehnen. Hat Ihr Kind Vertrauen gefasst und lässt sich vom Babysitter trösten, steht einigen freien Stunden nichts mehr im Weg.

Abb. 7.1 Babysitter sitzt mit Baby auf dem Schoß auf der Couch (© nimito/stock.adobe.com)

Versuchen Sie einen Babysitter zu finden, der regelmäßig kommen kann und längerfristig vorhat, diese Aufgabe zu übernehmen. So vermeiden Sie einen häufigen Wechsel der Betreuungsperson, der Ihr Kind verunsichern kann.

Es gibt viele Institutionen, die für junge Leute Babysitter-Kurse anbieten, um Grundlagenkenntnisse über Kinder und deren Entwicklung zu vermitteln. Oft ist auch ein Erste-Hilfe-Kurs inkludiert. Wenn Sie auf der sicheren Seite sein wollen, fragen Sie Ihren Babysitter, ob er so einen Kurs absolviert hat. Schließlich ist ein Babysitter-Job mit großer Verantwortung verbunden (Abb. 7.1).

Tipps für die Babysitter-Suche
- Fragen Sie nach Vorkenntnissen und Erfahrungen, nach Babysitter-Kurs, Erste-Hilfe-Kurs.
- Klären Sie den Babysitter über Gewohnheiten Ihres Kindes auf, wie zum Beispiel Essens- und Schlafenszeiten, Allergien, Schmusetuch, Schnuller etc.

- Lassen Sie am Anfang den Babysitter das Füttern und Wickeln Ihres Babys in Ihrem Beisein übernehmen.
- Zeigen Sie dem Babysitter, wo sich alles befindet, was er brauchen könnte.
- Besprechen Sie mit dem Babysitter, was in Notfällen zu tun ist, und legen Sie alle Notfallnummern bereit. Zeigen Sie ihm die Notfallapotheke.
- Der Babysitter sollte über eine erweiterte Haftpflichtversicherung verfügen, und die Eltern des zu betreuenden Kindes sollten eine Unfallversicherung haben (siehe Abschn. 7.2).

Jugend-Buchtipp zum Thema: Marie-Aude Murail – Der Babysitter-Profi (franz. Original: babysitter blues)

7.2 Babysitter-Kosten und Rechtliches

In Deutschland müssen Jugendliche rechtlich gesehen mindestens 13 Jahren alt sein, um diese Tätigkeit auszuüben. Minderjährige brauchen die Einwilligung ihrer Eltern, und die Arbeitszeit darf nicht mehr als zwei Stunden am Tag betragen (Ausnahme: Ferien). Ab 15 Jahren ist auch Babysitting in der Nacht erlaubt. Auch in Österreich benötigen minderjährige Babysitter das Einverständnis ihrer Eltern. Die Schulpflicht darf nicht verletzt werden.

In Österreich müssen Schüler mindestens 14 Jahre alt sein, auch da darf die Schulpflicht nicht verletzt werden. Offiziell darf in Österreich ein Jugendlicher erst ab 16 Jahre auf fremde Kinder aufpassen.

Kosten
Der Stundenlohn für einen Babysitter ist meist Verhandlungssache und hängt von verschiedenen Faktoren ab.

Sehr junge Babysitter, meist aus dem Bekanntenkreis, Schüler oder Studenten, bekommen oft nur eine Art Taschengeld (ein paar Euros pro Stunde), während Babysitter, die ein Diplom vorweisen können und schon viel Erfahrung mitbringen, bis zu 15 Euro in der Stunde bekommen. Oft wird auch vereinbart, dass die Eltern das Taxi bezahlen, wenn der Babysitter abends oder in der Nacht auf ihr Kind aufpasst.

Außerdem hängt der Stundenlohn von den Aufgaben ab und von der Anzahl der Kinder, die zu beaufsichtigen sind. Auch zwischen Tages- und Abendbetreuung gibt es meistens einen preislichen Unterschied. Schließlich ist es nicht das Gleiche, ob drei Kinder untertags zu betreuen sind, oder ob der Babysitter auf ein schlafendes Kind aufpasst und nebenbei Zeit hat, für sein Studium zu lernen.

In Deutschland sind auch die Kosten für Babysitting steuerlich absetzbar, sogar den Fahrtkostenersatz können Sie bei der Steuer geltend machen, sofern er vertraglich festgehalten wurde.

Bei regelmäßiger Tätigkeit gibt es in Österreich die Möglichkeit, mit dem Dienstleistungsscheck zu bezahlen. Die Geringfügigkeitsgrenze (475,86 Euro monatlich, Stand 2021) darf dabei nicht überschritten werden. Der Vorteil: Der Babysitter ist vom ersten Tag an unfallversichert.

Versicherung
Jugendliche sind meistens über die Eltern haftpflichtversichert. Sollte der Babysitter in Ihrer Wohnung mal was kaputt machen, greift im Normalfall diese Versicherung, es kann aber ein Zusatz erforderlich sein. Fragen Sie Ihren Babysitter, ob er ausreichend versichert ist.

Kommt ein und derselbe Babysitter regelmäßig zu Ihnen, sollten Sie eine private Unfallversicherung abschließen. Ist der Babysitter bei Ihnen angestellt, fällt das unter den Begriff Haushaltshilfe und Sie melden ihn bei der gesetzlichen Unfallversicherung an. Damit sind Sie auf der sicheren Seite. Die Kosten der Unfallversicherung müssen Sie als Dienstgeber übernehmen, sie halten sich bei niedrigem Verdienst des Babysitters aber in Grenzen (1,6 Prozent des Jahresverdienstes des Babysitters).

Sind Sie oder Ihr Babysitter nicht ausreichend versichert, bleiben alle Beteiligten auf den Kosten sitzen, die durch einen Unfall oder ein Missgeschick während der Babysitter-Tätigkeit entstehen können. Auch Unfälle auf dem Weg des Babysitters zu Ihnen und wieder nach Hause zählen dazu.

Beschäftigen Sie einen Babysitter regelmäßig, so ist es sinnvoll, die Eckdaten und die Übertragung der Aufsichtspflicht in einem Vertrag zu regeln.

7.3 Hilfreiche Links

https://www.arbeiterkammer.at/beratung/arbeitundrecht/Arbeitsvertraege/Dienstleistungs-Scheck.html
www.betreut.at
www.Babysitter.at
www.babysitter24.at/de
www.betreut.de

8

Ohne unsere Nanny geht gar nichts

Inhaltsverzeichnis

8.1 Was machen Nanny und Manny? 128
8.2 So finden Sie die richtige Nanny 129
8.3 Vor- und Nachteile 131
8.4 Rechtliches und Kosten 131
8.5 Wichtige Links 132

Was müssen Eltern beachten, wenn sie einen Babysitter engagieren? Was kostet ein Babysitter? Welche Gesetze sollen beachtet werden?

Ich sitze im Büro, es ist 14 Uhr und mein Handy läutet. Oh je! Nadja, unsere Nanny, ruft an. Leider bestätigt sich mein ungutes Gefühl in den nächsten Minuten. Es ist zwar zum Glück nichts mit unserem Sohn Luke passiert. Doch Nadja muss nach Polen, weil ihre Mutter gestürzt ist und sich das Bein gebrochen hat. Sie weiß noch nicht, wie lange sie wegbleiben wird. Sie hätte um 17 Uhr einen Zug, ob ich heute etwas früher nach Haus kommen könnte. Ich versichere ihr „ja, selbstverständlich", aber in meinem Kopf geht's drunter und drüber. Ich versuche, meine Frau zu erreichen, weiß aber, dass das aussichtslos ist, denn sie hat heute den ganzen Tag Vorlesungen. Ich hinterlasse Luisa eine Nachricht und laufe zu meiner Chefin. Sie zeigt zum Glück Verständnis für meine Si-

© Der/die Autor(en), exklusiv lizenziert an Springer-Verlag GmbH, DE, ein Teil von Springer Nature 2022
S. Marega, *Baby, Kleinkind und Job*,
https://doi.org/10.1007/978-3-662-63770-8_8

tuation. Sie hat auch drei Kinder, die allerdings schon erwachsen sind. Viel gejammert darf bei unserer Chefin allerdings nicht werden, da kontert sie oft mit Sätzen wie: „Ich habe das auch alles geschafft!"

Nadja arbeitet seit einem halben Jahr bei uns als Kindermädchen. Sie ist unsere Nanny, so wie es in Amerika üblich ist. Ich, Klaus, 35, lernte meine Frau Luisa in Boston bei einem Auslandsemester an der Uni kennen. Luisa ist halb Amerikanerin, halb Deutsche. Als ich nach einem Semester nach Deutschland zurückkehrte, blieb sie vorerst in Boston, aber die Liebe war stärker und Luisa kam nach Düsseldorf, um zu bleiben. Sie bekam eine Stelle als Dozentin an der Uni hier und ich meinen Job in einer Anwaltskanzlei. Meine Frau und ich arbeiten beide viel, wir lieben unsere Jobs. Als wir unseren Sohn Luke bekamen, freuten wir uns sehr, trotzdem war klar, dass wir beide möglichst bald wieder in den Job einsteigen wollten. Da wir aber keinen geeigneten Krippenplatz finden konnten, was im Corona-Jahr noch komplizierter war als zu „normalen" Zeiten, haben wir uns für eine Nanny entschieden. Seither ist Nadja Teil unserer Familie.

Ich eile nach Hause, um unsere Nadja abzulösen. Als ich ankomme, streckt mir Luke wie immer seine Arme entgegen und will sofort von mir hochgenommen werden. Er ahnt nichts von unseren Sorgen. Nadja teilt mir das Wichtigste vom Tag mit und verspricht, sich zu melden, sobald sie mehr weiß.

Nadja ist über eine Vermittlungsagentur zu uns gekommen. Beim Vorstellungsgespräch erzählte sie uns, dass sie früher in Polen in einem Kindergarten arbeitete und dass das immer ihr Traumjob war. Als sie, ebenfalls wegen der Liebe, nach Deutschland kam, fand sie einen Job in der Gastronomie. Angesichts der Lage im letzten Jahr hat sie die Chance ergriffen und sich wieder auf ihren ursprünglichen Wunsch besonnen, mit Kindern zu arbeiten. Wir vereinbarten eine Probezeit, während meine Frau noch in Elternzeit war, so konnten Luke und Nadja sich langsam anfreunden. Es klappte hervorragend und schnell hatten wir vollstes Vertrauen zu Nadja. Sie kümmert sich ausgesprochen liebevoll um Luke, kocht leckeres Essen und hilft, wo sie kann. Wir hätten sie gerne mehr als 25 Wochenstunden angestellt, aber das können wir uns leider nicht leisten.

Deshalb sind unsere Arbeitswochen derzeit straff organisiert. Ich beginne sehr zeitig mit meinem Arbeitstag, um dann früher zu Hause zu sein. Luisa beginnt später und kommt meistens später nach Hause. Dafür hat sie mittwochs frei, wenn Nadja ihren freien Tag hat.

Nadja hilft uns im Haushalt, kocht manchmal für uns und geht viel mit Luke spazieren oder auf den Spielplatz. Sie selbst hat keine Kinder und Luke ist ihr sehr ans Herz gewachsen. Wie sollen wir das jetzt ohne sie schaffen? Ich könnte meine Mutter anrufen, vielleicht kann sie uns wenigstens ein paar Tage unterstützen?

Am Abend besprechen Luisa und ich, was wir tun sollen. Wir organisieren die nächsten Tage ohne meine Mutter, denn wir glauben, dass das mit weniger Stress verbunden ist. Luke kennt sie nicht gut genug. Er würde sicherlich weinen, wenn er allein bei ihr bleiben muss, und das würde meine Mutter ärgern. Als ich meiner Chefin mitteile, dass ich morgen zwar ins Büro komme, die nächsten paar Tage aber frei brauche, ist sie nicht begeistert. Einige wichtige Termine müssen verschoben werden und viel Arbeit wird liegen bleiben, auch wenn ich versuchen werde, einige Dinge im Homeoffice zu erledigen. Trotzdem freue ich mich auf meine Rolle als Vollzeit-Papa in diesen Tagen und ich möchte diese Zeit mit meinem Sohn genießen. Aber Dauerlösung wäre es keine für mich.

Mittlerweile haben wir Luke für einen Platz in der Kita angemeldet. Er fängt dort in ein paar Monaten an. Bis dahin brauchen wir noch unsere Nanny. Eigentlich würden wir sie gerne darüber hinaus auch noch behalten. Sie könnte Luke anfangs früher von der Kita abholen und wer weiß, vielleicht bekommt Luke ja bald ein Geschwisterchen.

Nach ein paar Tagen meldet sich Nadja, sie kommt früher als geplant zurück. Da sind wir heilfroh!

8.1 Was machen Nanny und Manny?

Kindermädchen, auf Englisch Nanny genannt, gab es schon früher. Hauptsächlich in gutbürgerlichen, wohlhabenden Familien waren Dienstmädchen und Kindermädchen sehr gefragt. Meine Mutter zum Beispiel kam 1960 mit 17 Jahren nach Wien und arbeitete bei einer Arztfamilie zuerst als Haushälterin und dann als Kindermädchen.

Heutzutage kennt man diesen Trend eher aus England und Amerika, dennoch gibt es auch im deutschsprachigen Raum Nannys und Mannys – so wird die männliche Nanny genannt. Allerdings ist die Zahl der Mannys verschwindend gering, am ehesten findet man männliche Babysitter und Au-Pairs.

In erster Linie ist eine Nanny für die Betreuung der Kinder zuständig, aber oft wird sie auch als Haushaltshilfe herangezogen, im Gegensatz zum Babysitter. Eine Vollzeit-Nanny wohnt manchmal sogar bei der Familie, wenn diese ein Zimmer oder eine kleine Wohnung frei zur Verfügung hat. Sie hat dann unter Umständen auch am Wochenende Dienst. Manchmal wird sie sogar in den Urlaub mitgenommen. Nannys müssen also sehr flexibel und vielseitig sein, und oft wird Erfahrung in Haushaltsführung und Kinderbetreuung von der Familie erwartet.

In vielen Fällen kombinieren Eltern die Nanny mit einer weiteren Art der Kinderbetreuung, denn reine Nanny-Betreuung ist sehr kostspielig, und umgekehrt müssen Eltern oft länger arbeiten, als die Kita geöffnet ist. Abgesehen davon ist ein achtstündiger Aufenthalt in der Krippe für die

Abb. 8.1 Nanny bereitet mit den Kindern das Essen zu

Kleinsten ohnehin sehr lang. Die Nanny holt dann die Kinder von Krippe, Schule oder Kita ab und betreut sie, bis die Eltern zu Hause sind (Abb. 8.1).

8.2 So finden Sie die richtige Nanny

Es gibt für Nannys bis dato keine eigene Berufsausbildung. Kindermädchen, Mannys, Nannys kommen aus sehr unterschiedlichen Bereichen, mit unterschiedlichen Berufen und Vorkenntnissen. Gerne werden Kinderkrankenschwestern, Erzieherinnen oder Sozialarbeiter für diese Tätigkeit eingesetzt. Manchmal sind es Personen, die einen Berufswechsel anstreben und schon Erfahrung mitbringen, manchmal sind es auch sehr junge Leute.

Überlegen Sie sich daher vorher gut, welche Fähigkeiten Ihre Nanny mitbringen sollte.

Geht es Ihnen hauptsächlich um die Kinderbetreuung? Ist Ihnen eine bestimmte Sprache wichtig? Soll sie auch kochen können? Braucht sie einen Führerschein? Sie werden selbst am besten wissen, welche Tätigkeiten und Aufgaben Ihre Nanny erledigen soll und welche Kenntnisse sie mitbringen muss. Natürlich können Sie auch, wenn Sie die Zeit dafür aufbringen wollen und können, einen jungen Menschen in den Haushalt einführen und mit Ihren Kindern und deren Betreuung vertraut machen.

Wenn Sie ein Baby oder mehrere Kinder zu betreuen haben, sind pädagogische Kenntnisse und Vorerfahrungen, die die Nanny mitbringt, sicherlich ein Plus. Ansonsten gilt das Gleiche wie in den vorigen Kapiteln schon erwähnt – die besten Zeugnisse sind sicher beruhigend, sagen aber nichts darüber aus, ob Sie zu der Person letztendlich Vertrauen haben. Die zwischenmenschliche Ebene muss als Basis stimmen. Eine kurze Probezeit kann auch hier helfen, um Unsicherheiten aus dem Weg zu räumen. Schließen Sie keinen Vertrag voreilig ab.

Wenn Sie eine Nanny zu einem Erstgespräch einladen, machen Sie sich eine Checkliste, damit Sie im Vorfeld möglichst viel klären. Sinnvoll ist jedenfalls, wenn Ihr Kind oder Ihre Kinder bei dem Gespräch anwesend sind. Sie können dann gut beobachten, wie Ihre Kinder reagieren und wie der Umgang der Nanny mit den Kindern ist. Lassen Sie die Nanny kurz mit ihnen allein, gehen Sie in die Küche Kaffee holen oder Ähnliches.

Tipps für die Checkliste
- Was sollen die konkreten Aufgaben sein?
- Erstellen Sie einen ungefähren Wochen-Arbeitsplan.
- Wie viele Wochenstunden wird die Nanny benötigt?
- Welche Kosten entstehen?
- Welche Erfahrung und Kenntnisse werden benötigt?
- Fragen Sie nach Referenzen!
- Wird ein Führerschein benötigt?
- Wohnt die Nanny nicht bei Ihnen, ist es wahrscheinlich sinnvoll, wenn Ihr Wohnort in Ihrer Nähe ist.

8.3 Vor- und Nachteile

Vorteile:

- Nannys und Mannys bieten ein sehr flexibles Betreuungsmodell.
- Es können enge und familiäre Beziehungen entstehen (wie zu Großeltern, Tanten, etc.), die die aktive Zeit bei der Familie oft überdauern
- Ihr Kind ist auch im Krankheitsfall betreut.
- Familien profitieren von zusätzlicher Hilfe im Haushalt, es bleibt mehr Zeit für die Kinder.

Nachteile:

- Die Kosten sind sehr hoch.
- Eine Nanny bekommt viel Einblick in die Privatsphäre der Familie, das muss man mögen.
- Fällt die Nanny aus persönlichen Gründen aus, ist es schwer für Eltern, schnell einen geeigneten Ersatz zu finden.

8.4 Rechtliches und Kosten

Haben Sie dann eine Nanny gefunden, sollten Sie einen Arbeitsvertrag mit ihr abschließen, in dem Arbeitszeit, Aufgaben und Gehalt, Urlaub usw. vereinbart werden. Oft werden Nannys über Agenturen vermittelt, wo das geregelt wird. In den meisten Fällen werden Nannys fest angestellt, aber manchmal arbeiten Nannys auch als Selbstständige. Auf jeden Fall müssen sie eine Unfall- und eine Haftpflichtversicherung besitzen. Ist die Nanny bei Ihnen angestellt und als Dienstnehmer gemeldet, müssen Sie die Vorschriften eines Arbeitsgebers befolgen. Dazu gehört unter anderem die Anmeldung bei der Sozialversicherung und Meldung beim Finanzamt.

Eine Nanny ist mit relativ hohen Kosten verbunden. Der Bruttolohn für die Arbeitnehmerin beträgt, je nach Qualifikation und Aufgabenbereich, zwischen 15 Euro und 25 Euro pro Stunde. Je mehr Aufgaben Ihre Nanny zu erledigen hat und umso höher ihre Qualifikation ist, desto höher sollte ihr Gehalt sein. Es macht einen Unterschied, ob jemand ein Kind zu betreuen hat oder drei Kinder, und ob nebenbei noch gekocht und die Wäsche gemacht werden soll. Auch die Wohnsituation und die Verpflegung spielen bei der Bezahlung eine Rolle. All das muss genau besprochen und in einem Vertrag geregelt werden.

Da Sie Dienstgeber*in sind, müssen Sie die Lohnnebenkosten von ca. einem Drittel des Bruttogehalts dazurechnen.

Das heißt, dass sie für eine 40-Stunden-Kraft mit mindestens bis zu 3900 Euro Gesamtkosten pro Monat rechnen müssen.

In Deutschland ist private Kinderbetreuung steuerlich absetzbar.

8.5 Wichtige Links

https://www.familienagentur-starfamily.de/de/personalpool/nannies-familienmanager
  https://www.nanny4yourkid.com/
  https://www.alleskralle.com/jobs/at/nanny
  https://www.betreut.at
  https://www.agenturmarypoppins.de/nanny/
  https://www.babysitter.de/nanny/

9

Hurra, wir fahren zu Oma und Opa!

Inhaltsverzeichnis

9.1 Großeltern – eine Stütze der Familien.................... 136
9.2 Vor- und Nachteile... 140
9.3 Leihoma und Leihopa... 141
    9.3.1 Motivation und Aufgaben............................ 142
    9.3.2 Wie finden Sie die richtigen Leihgroßeltern und was sollten Sie beachten?.......................... 143
    9.3.3 Kosten... 143
    9.3.4 Links.. 144

In diesem Kapitel geht es unter anderem um die Beziehung Eltern – Kind – Großeltern. Obwohl wir heute sehr verschiedene Typen an Großeltern kennen, sind sie immer noch eine große Stütze für Familien und für ihre Enkelkinder besonders wichtig. Auch Leihgroßeltern können diese Rolle übernehmen.

Wo ist diese verflixte Susi-Puppe? Seit einer halben Stunde stelle ich die Wohnung auf den Kopf, um Amelies Kuschelpuppe zu suchen. Eigentlich sollten wir schon weg sein, auf dem Weg zu meinen Eltern. Mein Freund Leo ist mit Kind, Sack und Pack schon beim Auto, um alles zu verstauen. „Gehen wir auf Weltreise?" konstatiert er angesichts der Menge an Zeug, das in den Kofferraum muss. Nein, wir planen nur einen Wochenendtrip, besser gesagt ein Wellness-Wochenende, und das nur

© Der/die Autor(en), exklusiv lizenziert an Springer-Verlag GmbH, DE, ein Teil von Springer Nature 2022
S. Marega, *Baby, Kleinkind und Job*,
https://doi.org/10.1007/978-3-662-63770-8_9

für uns zwei, für Leo und mich. Amelie soll zum ersten Mal alleine bei ihren Großeltern übernachten und dazu braucht sie so einiges, unter anderem unbedingt ihre Susi-Puppe. Meine Eltern erwarten uns um 12:30 Uhr zum Mittagessen und es ist schon 12:15 Uhr! Die Großeltern wohnen zwar nicht weit weg, wir werden aber wohl zu spät kommen. Sie sind es gewohnt, dass es bei uns manchmal etwas chaotisch zugeht.

Wir sind eine klassische Patchworkfamilie. Mein Sohn Lukas, sieben Jahre, ist dieses Wochenende bei seinem Vater, meinem Exmann, und die Tochter meines Lebensgefährten, Kerstin, sie ist neun, ist bei ihrer Mutter. Amelie ist die gemeinsame Tochter von Leo und mir. Ich bin übrigens Astrid und freue mich schon wahnsinnig auf mein Wellnesswochenende. Amelie ist jetzt 14 Monate und kommt im September in eine Kinderkrippe. Deshalb finde ich es wichtig, dass sie mal woanders übernachtet und etwas länger als ein paar Stunden von uns getrennt ist. Sie liebt Ihre Großeltern und kennt sie sehr gut, deshalb sollte es kein Problem sein. Wir sind auch nicht weit weg, im schlimmsten Fall könnten wir schnell zurückkommen. Ein kleiner Test also – das Nützliche mit dem Angenehmen verbinden, das wird mein neues Lebensmotto.

Während dieser Gedanken habe ich plötzlich eine Idee. Lukas versteckte gern seine Autos zwischen Heizkörper und Wand, und siehe da, da war sie, die Susi-Puppe! Ich schüttle den Staub der Puppe ab, damit sie nicht noch trostloser aussieht, denn sie ist ohnehin schon etwas mitgenommen. Ich schnappe meine Schlüssel, werfe mein Smartphone in meine Tasche und eile zum Auto. Gerade mal durchgeschnauft, läutet das Handy. Meine Mutter ist dran: „Wo seid ihr?" „Gleich da", antworte ich augenrollend, „mit leichter Verspätung, da wir die Susi-Puppe suchen mussten. Die braucht Amelie ja, wenn sie bei euch übernachten soll." Ich drücke Amelie, die schon seit 15 Minuten erstaunlich geduldig angeschnallt in ihrem

9 Hurra, wir fahren zu Oma und Opa!

Kindersitz ausharrt, ihre Puppe in die Hand und sage zu Leo: „Fahr los, der Braten wird kalt."

Meine Eltern sind immer für uns da, wenn wir sie brauchen. Sie haben Routine im Kinderhüten. Mein Bruder hat auch zwei Kinder, die waren, als sie noch klein waren, sehr oft bei unseren Eltern. Auch Lukas und Kerstin sind immer wieder bei Opa und Oma. Ob in den Sommerferien oder kurz mal zwischendurch, alle Kinder freuen sich, wenn sie zu den Großeltern dürfen. Es gibt einen großen Garten, und unsere „Stadt-Kinder" haben dort sehr viele Freiheiten und können sich in der Natur austoben.

Unser Opa kann manchmal auch streng sein. Wenn er seinen Mittagsschlaf braucht, müssen die Kinder ruhig sein. Unsere Kinder respektieren das. Sie können die Regeln, die bei den Großeltern gelten, besser akzeptieren als unsere Regeln zu Hause. Das ärgert mich manchmal. Mein Vater strahlt diese natürliche Autorität aus, die ich auch gerne hätte. Oma ist wiederum sehr sanft und nachgiebig und ich vermute, ohne Opa hätte sie es schwerer, sich bei der Rasselbande durchzusetzen. An ihr bewundere ich ihre schier endlose Geduld, eine Eigenschaft, die sie mir definitiv nicht vererbt hat. Ich finde es faszinierend, wie leicht sich Kinder in den verschiedenen Erwachsenenwelten zurechtfinden, wenn sie spüren, dass sie geliebt werden.

Wir wissen das zu schätzen, dass wir Eltern haben, die für ihre Kinder und Enkelkinder da sind. Wir haben Freunde, die uns um unser Glück beneiden. Aber würdigen wir dieses Glück auch genug, oder nehmen wir es als selbstverständlich hin?

Ich bitte Leo, beim nächsten Blumenstand stehen zu bleiben, auf fünf Minuten mehr oder weniger kommt es jetzt auch nicht mehr an. Mit Blumen kann ich der Oma immer eine Freude bereiten.

9.1 Großeltern – eine Stütze der Familien

Als ich zum Thema Großeltern recherchierte, bin ich, warum sollte es bei diesem Thema anders sein, auf sehr widersprüchliche Aussagen gestoßen.

1) „Kinder haben heute keine richtigen Großeltern mehr."
2) „Kinder haben zu viele verschiedene Großelternteile."
3) „Großeltern sind heute oft zu alt für ihre Enkelkinder."
4) „Großeltern sind jung geblieben und modern und haben wenig Zeit für ihre Enkelkinder."
5) „Großeltern verwöhnen die Enkelkinder zu sehr."
6) „Großeltern haben veraltete Erziehungsstile."

Aha! Und wie immer steckt in allen Aussagen ein Körnchen Wahrheit, denn so vielfältig die Familien heute sind, so unterschiedlich sind auch die Großelternkonstellationen. Natürlich spielen das Alter der Großeltern und die räumliche Entfernung zu ihnen eine Rolle. Tatsache ist aber, dass über 50 Prozent der Großeltern für ihre Kinder und Enkelkinder da sind, wenn sie gebraucht werden. Sie gehören für die Kinder neben den Eltern nicht selten zu den wichtigsten Bezugspersonen. Sie sind also eine wahrlich unbezahlbare Stütze für die Familien. Gerade für Eltern mit Kleinkindern und Job sind Oma und Opa oft eine beliebte Ergänzung zu anderen Kinderbetreuungsmodellen. Meine Erfahrungen aus der Praxis bestätigen diese Statistik. Ob abends auf das Enkelkind aufgepasst wird, damit die Eltern etwas Zeit für sich haben, ob es um das Abholen von der Kinderkrippe geht oder um die Betreuung während der Ferien, viele Omas und Opas übernehmen sehr gern diese Aufgaben. Einerseits um ihre eigenen Kinder zu unterstützen und andrerseits aus Liebe zu ihren Enkeln. Mag sein, dass es die Bilderbuch-Großeltern, wie sie uns in Erinnerung sind, kaum mehr gibt. Das ändert aber nichts daran, dass die meisten Omas und Opas sehr glücklich mit ihren Enkelkindern sind und dass sie gerne für sie da sind. Corona hat uns auch gezeigt, wie sehr Großeltern und Enkelkinder einander missen, wenn sie keinen Kontakt haben dürfen.

Inwieweit stimmen die obigen Aussagen?

Ad1): Viele junge Leute zieht es in die Städte, um zu studieren oder aufgrund eines guten Jobangebotes, und oft sogar verschlägt es sie in ein anderes Land. Durch diese Zunahme an Mobilität gibt es vor allem in den Städten einen Mangel an Großeltern. Viele berufstätige Eltern, die in einer fremden Stadt leben, können auf keine familiäre Unterstützung zählen.

Ad2): Patchworkfamilien haben manchmal nicht nur mehrere Kinder, sondern auch ein Mehrfaches an Großeltern. Sind dann auch noch die diversen Großeltern geschieden und haben neue Lebenspartner, kann schon so einiges an Omas und Opas für die Kinder zusammenkommen. Sie werden vielleicht denken: „Ist doch schön, wenn man auf einen großen Pool an Hilfe zurückgreifen kann." Das mag stimmen, aber es stellt Familien und Kinder auch vor große Herausforderungen. Damit zum Beispiel bei Festtagen und Familienfeiern niemand zu kurz kommt oder gar beleidigt ist, brauchen Familien oft ausgeklügelte Strategien und ein perfektes Zeitmanagement. Haben Sie Verständnis für Ihre Kinder, dass sie nicht zu allen Omas und Opas die gleichen engen Beziehungen aufbauen.

Ad3) Frauen bekommen heute immer später ihre Kinder, und das bedeutet, dass die eigenen Eltern schon zu alt sind – so wird es hier angenommen. Das mag das ein oder andere Mal zutreffen, aber so einfach lässt sich das nicht pauschalisieren. Es hängt davon ab, wie alt die eigenen Eltern waren, als sie ihr erstes Kind bekamen. Außerdem: Ab welchem Alter gilt man heute als alt?

Ad4) Die jungen Alten – sie fliegen in der Welt herum, machen Wellnessurlaub und Sport und haben eine Menge Hobbys. „Seit ich in Pension bin, habe ich keine Zeit mehr", hört man von ihnen. Trotzdem kenne ich genügend aktive, jung gebliebene Großeltern, die sich gerne und liebevoll um ihre Enkelkinder kümmern. Das eine schließt das andere nicht aus. Ist doch schön, wenn Opa noch so fit ist, dass er in seiner Freizeit seinen Enkel zu einer Radtour mitnimmt. Moderne Großeltern genießen ihre neu gewonnene Freiheit, aber das hindert sie nicht daran, sich liebevoll ihren Enkelkindern zu widmen.

Manchmal stehen junge Großeltern noch voll im Berufsleben und haben deshalb verständlicherweise weniger Zeit, sich um ihre Enkelkinder zu kümmern.

Ein Vorteil heutiger Großeltern ist sicherlich, dass sie technisch versiert sind. Videotelefonie und andere moderne Medien werden gerne von ihnen genutzt und sind vor allem dann hilfreich, wenn es darum geht, physische Distanzen zu überwinden. Sie haben die größte Freude, wenn sie mit digitalen Fotos und Videos auf dem Laufenden gehalten werden. Rasch und unkompliziert können so Eltern, Großeltern und Enkelkinder miteinander kommunizieren.

Ad5) Meistens stimmt es, dass Großeltern ihre Enkel verwöhnen, aber ich finde, das dürfen sie auch, natürlich mit Maß und Ziel. Es ist zu unterscheiden, ob die Betreuung durch Oma oder Opa regelmäßig stattfindet oder zum Beispiel nur einmal im Monat. Schokolade jeden Tag oder nur ab und zu, das ist ein großer Unterschied. Die Autorität der Eltern sollten Großeltern nicht untergraben. Hier ist Fingerspitzengefühl gefragt. Aber ganz ehrlich –

was wären das für Großeltern, die ihre Enkelkinder nicht ab und zu verwöhnen?

Ad6) Den Generationskonflikt hat es schon immer gegeben und wird es immer geben. Aber auch dieser präsentiert sich uns heute nicht immer klassisch. Stammen Ihre Eltern zum Beispiel aus der 68er-Generation? Dann sind ihre Werte und Überzeugungen vielleicht weniger konservativ als Ihre eigenen. Oder sind für Ihre Eltern Wohlstand und Karriere besonders wichtige Faktoren, während für Sie selbst Freizeit wichtiger ist als Geld? So oder so, unterschiedliche Ansichten und Welten prallen in allen Familien aufeinander, und gerade in Bezug auf Kindererziehung sind sie oft schwer zu tolerieren. Allzu viele gut gemeinte Tipps und Einmischung seitens der Großeltern sind meistens kontraproduktiv. Umgekehrt sollten Sie als Eltern nicht auf Ihre Eltern böse sein, wenn Ihr Kind bei Oma oder Opa etwas darf, das es zu Hause nicht darf. Kinder wissen ganz genau, wo welche Regeln gelten, und können sehr gut mit verschiedenen Lebensstilen zurechtkommen. Voraussetzung ist eine gute Basis zu Hause.

Wollen Sie, dass Ihre Kinder von Ihren Großeltern profitieren und umgekehrt? Dann seien Sie gelassen und akzeptieren Sie deren Meinungen. Sollte hingegen etwas so sehr gegen Ihre Überzeugung sein, dass Sie darüber nicht hinwegsehen können, dann machen Sie das Ihren Eltern oder Schwiegereltern freundlich, aber deutlich klar.

Je jünger die Enkelkinder sind, umso wichtiger ist regelmäßiger Kontakt, damit zwischen Ihrem Kind und den Großeltern das nötige Vertrauen entstehen kann. Ihr kleines Kind wird nicht allein bei den Großeltern bleiben wollen, die es nur ab und zu sieht oder kaum kennt. Drängen Sie Ihr Kind dann nicht dazu, mit Oma und Opa sofort eine enge Bindung einzugehen (Abb. 9.1).

Abb. 9.1 Großeltern mit ihrem Enkelkind (© Monkey Business/stock.adobe.com)

9.2 Vor- und Nachteile

Vorteile:

- Für die Sozialisation der Kinder ist es wichtig, dass sie Menschen aller Altersstufen kennen. Die Generationen können so besser zusammenwachsen und mehr Verständnis füreinander aufbringen.
- Ältere Menschen bringen oft mehr Ruhe und Gelassenheit mit und haben einen entspannteren Umgang mit den Enkelkindern. Manchmal wollen sie ihre Fehler, die sie bei ihren eigenen Kindern gemacht haben, wiedergutmachen.
- Sie widmen ihren Enkelkindern Zeit, die die Eltern nicht haben. Das bietet den Kindern Geborgenheit und Schutz.
- Großeltern können echte Vorbilder für Kinder sein, da sie viel Erfahrung und Wissen mitbringen und diese auch gerne weitergeben.

- In vielen Familien haben Kinder zu den Großeltern eine sehr enge Beziehung. Sie werden neben den Eltern zu Vertrauenspersonen und sind ein Anker für die Kinder.

Nachteile:

- Einmischung und Streit über Erziehung.
- Kinder beobachten und spüren, wenn Eltern und Großeltern sich nicht verstehen. Das beeinflusst das Verhalten der Kinder gegenüber ihren Omas und Opas.
- Eifersucht mancher Großeltern auf andere Großeltern.
- Jede Familie bringt eine andere Familienkultur und andere Traditionen mit, was ein Zusammenleben oft schwierig macht.

Buchtipps

Zum Glück gibt's Oma und Opa, Brigitte Zwenger-Balink, 2020;
   Das Großeltern-Buch. Der Ratgeber für eine ganz besondere Beziehung, Miriam Stoppard, 2012

9.3 Leihoma und Leihopa

Sollten Sie zu den Familien gehören, die leider keine Großeltern in der Nähe haben, können Sie auch auf das Angebot von Leihomas oder Leihopas zurückzugreifen. In Österreich und Deutschland ist dieses Modell seit etwa 20 Jahren gut etabliert und erfreut sich immer größerer Beliebtheit. Oftmals werden Leihomas und Leihopas zu richtigen Paten-Großeltern.

9.3.1 Motivation und Aufgaben

Zu den Aufgaben der Leihgroßeltern gehört in erster Linie die Kinderbetreuung. Trotzdem sollten sie nicht mit Babysitter oder Nanny verwechselt werden, denn die Motivation der Senioren und Seniorinnen ist eine andere. Sie wollen Wunsch-Großeltern sein. Meistens suchen ältere Menschen, deren Enkelkinder weit weg wohnen oder die vielleicht selbst gar keine Enkelkinder haben, das Gefühl, gebraucht zu werden und Anschluss an eine Familie zu haben. Der soziale Aspekt steht hier im Vordergrund. Oft suchen die Pensionisten nach einer sinnvollen Tätigkeit für den Lebensabend. Deshalb handelt es sich meist um eine regelmäßige und dauerhafte Beschäftigung. Das Modell ist dann erfolgreich, wenn sich eine echte Beziehung zwischen Leihoma/Leihopa und den Kindern und der Familie entwickelt.

Natürlich kommt es auch hier darauf an, wie gut Sie und Ihre Kinder mit der Leihoma oder dem Leihopa zusammenpassen. Nach einigen Treffen und gemeinsamen Unternehmungen werden Sie schnell merken, ob es zwischen Ihren Kindern und den Leihgroßeltern gefunkt hat. Klären Sie in einem Gespräch die Aufgaben und den Zeitrahmen und sprechen Sie über Regeln und Werte, die Ihnen wichtig sind.

Es ist von Vorteil, wenn eine gewisse Routine entsteht und wenn es fixe Zeiten gibt. Dann ist es auch später kein Problem für Ihr Kind, wenn die Leihoma spontan vorbeikommt, weil Sie zum Beispiel einen unvorhergesehenen Termin wahrnehmen müssen.

Leihgroßeltern müssen ein polizeiliches Führungszeugnis vorweisen und manchmal haben sie sogar einen Kurs absolviert, in dem sie unter anderem Erste Hilfe gelernt haben.

9.3.2 Wie finden Sie die richtigen Leihgroßeltern und was sollten Sie beachten?

Oft werden Leihgroßeltern von karitativen oder kirchlichen Institutionen vermittelt. Es gibt auch hier Plattformen, die die Suche erleichtern. Die Nachfrage nach Leihgroßeltern ist sehr groß und der Bedarf steigend. Deshalb müssen Sie damit rechnen, dass es einige Zeit dauert, bis Sie eine Leihoma oder einen Leihopa finden.

Folgende Punkte müssen Sie berücksichtigen:

- Die Senioren brauchen einen Versicherungsschutz.
- Fahrtweg, Fahrtkosten Ersatz, Aufwandsentschädigung sollen bezahlt werden.
- Die Aufgaben und der zeitliche Umfang sollten klar definiert sein, vor allem zu Beginn der Partnerschaft.
- Es besteht auch die Möglichkeit, Leihgroßeltern in den Urlaub mitzunehmen.
- Leihgroßeltern, die in Ihrer Nähe wohnen, sind natürlich von Vorteil.

9.3.3 Kosten

Leihgroßeltern arbeiten meistens ehrenamtlich, das heißt die Betreuung kostet nichts. Es gibt auch Agenturen, die Leihgroßeltern vermitteln, hier verdienen die Senioren ein wenig Geld. Manchmal wird eine Art Aufwandsentschädigung vereinbart, ca. acht Euro in der Stunde. Zumindest die Fahrtkosten sollte von der Familie übernommen werden.

9.3.4 Links

https://www.meinefamilie.at/kinderbetreuung/leihoma
https://www.vienna.at/leihoma-sein-in-wien
https://www.eltern-bildung.at/
https://www.familie.de/kleinkind/betreuung/die-richtige-leih-oma-finden/
www.betreut.de

10

Jede Familie ist einzigartig

Sie sehen also, um Kleinkind und Job unter einen Hut zu bringen, gibt es sehr unterschiedliche Strategien und Konzepte. Wichtig ist, dass Sie mit Ihrer Entscheidung glücklich sind und gut zurechtkommen. Egal welches Familienmodell heute Eltern mit ihren Kindern leben und wie einzigartig jede einzelne Familie ist, gemein ist ihnen allen die Sorge um das Wohl ihrer Kinder.

Was braucht es von uns allen, von unserer Gesellschaft, damit es Familien gut geht und ihre Kinder sich möglichst gesund entwickeln? Glückliche Kinder werden glückliche Erwachsene, heißt es. Kinder sind dann glücklich, wenn sie spüren, dass sie geliebt werden. Dazu gehören einerseits authentische Erwachsene – Eltern, Großeltern, Betreuer*innen, Lehrer*innen usw., die ihnen Sicherheit und Geborgenheit vermitteln – und andrerseits ein erweitertes soziales Umfeld, das ihnen den Kontakt mit Gleichaltrigen ermöglicht.

Tatsache ist, dass der Bedarf an Betreuungsplätzen für Kinder unter drei Jahren in den letzten Jahren stark gestiegen ist. Der Ausbau der Krippenplätze ist sicherlich notwendig, wobei hier weniger auf Quantität als auf Qualität zu achten ist. Hier ist die Politik gefordert, Rahmenbedingungen zu schaffen, die eine qualitätsvolle Arbeit in den Krippen ermöglicht. Eine Anpassung der Gruppengröße und des Betreuungsschlüssels für Kinder unter drei Jahren wird seit Jahren sowohl in Deutschland als auch in Österreich von Fachkräften im pädagogischen Bereich und seitens der Wissenschaft gefordert. Dass das Geld kostet, ist klar. Meiner Erfahrung nach sind gut verdienende Eltern auch bereit, ihren Beitrag zu leisten, damit sie ihr Baby in einer guten Krippe unterbringen können. Es sollte aber nicht so sein, dass nur besserverdienende Mütter und Väter die Chance auf einen guten Krippenplatz bekommen. In den meisten Ländern ist deshalb der Zuschuss für einen Betreuungsplatz einkommensabhängig gestaffelt.

Kulturell gesehen gibt es große Unterschiede, wie wir mit dem Thema Kleinstkindbetreuung und Mutterschaft umgehen. Wir sind geprägt von der Gesellschaft, in der wir leben, und geben an unsere Kinder bewusst und unbewusst unsere Einstellungen und Werte weiter. Deshalb ist es so schwierig, festgefahrene Strukturen zu verändern.

In den skandinavischen Ländern zum Beispiel funktioniert die Vereinbarkeit von Job und Familie etwas besser als bei uns. Väterbeteiligung in der Kindererziehung und gute Krippenbetreuung sind viel selbstverständlicher, was zur Folge hat, dass der Frauenanteil in Spitzenpositionen höher ist als im europäischen Durchschnitt. Dort wurden auch schon viel früher gesellschaftspolitisch relevante Maßnahmen zur Gleichberechtigung von Mann und Frau getroffen. Bei alledem wird dennoch auf eine Work-Life-Balance geachtet, und Familien ist es wichtig, Zeit miteinander zu verbringen. Deshalb ist der Zufriedenheitsfaktor nordeuropäischer Familien relativ hoch.

In Frankreich beispielsweise ist es typisch, dass Mütter schon viel früher nach der Geburt des Kindes wieder in den Beruf einsteigen. Kinder sind den Rhythmus der Ganztagesbetreuung von klein auf gewöhnt und für sie ist es selbstverständlich, dass Mutter und Vater arbeiten. Ich habe während meiner beruflichen Tätigkeit einige Familien aus Frankreich kennengelernt, die drei, manchmal sogar vier Kinder haben und wo beide Elternteile voll berufstätig waren. Als Österreicher*in und auch als Deutsche*r versteht man oft gar nicht, wie das überhaupt funktionieren kann. Dennoch betrachten diese Familien ihre Situation nicht als außergewöhnlich und meistern die Herausforderung bravourös, denn sie sind schlichtweg nichts anderes gewöhnt. Natürlich sind auch französische berufstätige Eltern auf zusätzliche Hilfe zu Krippe, Kita und Schule angewiesen, wie Nanny, Großeltern, Babysitter. Eine Verbesserung der Situation von Familie und Beruf wird deshalb von so manchen Eltern gewünscht, um weniger Stress und mehr Zeit füreinander zu haben.

Mittlerweile kenne ich einige groß gewordene Kinder dieser Familien, die glücklich und erfolgreich ihr eigenes Leben führen. Falls Sie also beim Gedanken an Ihr Baby in der Krippe das schlechte Gewissen plagt, denken Sie an meine Worte: Kleinstkinder, die außerfamiliär betreut werden, sind durchaus in der Lage, zu gescheiten und zufriedenen Menschen heranzuwachsen. Voraussetzung ist natürlich, dass das soziale Umfeld passt.

Eine weitere Stütze für Familien finden wir in unserer Geschäftswelt. Langsam gibt es in einigen Unternehmen ein Umdenken und mehr Offenheit für das Modell Zeit statt Geld. Aber das Verständnis für Familienmütter und -väter im Beruf muss weiterhin wachsen, auch wenn diese höhere Positionen in Unternehmen einnehmen. Ist es wirklich notwendig, dass ein Manager 60 Stunden und mehr im Büro verbringt? Timesharing gibt es auch im Management und der Chefetage. Es gibt Firmenchefs und -chefinnen, die ein anderes Zeitmanagement in ihrem Job vorleben, auch wenn sie dafür ein geringeres Gehalt in Kauf nehmen. Sie wollen einfach die Zeit mit ihren Kindern genießen.

Auch eine höhere Väterbeteiligung in der Kindererziehung können Unternehmen unterstützen, indem sie Männern den Wunsch, in Karenz zu gehen oder Elternteilzeit in Anspruch zu nehmen, nicht verwehren, oder indem sie aufhören damit zu drohen, dass die Väter dann ihre gute Position verlieren.

Als unsere zweite Tochter knapp ein Jahr alt war, nahm mein Mann ein Jahr Karenz (Elternzeit), und wir fanden es alle toll. Das war allerdings im Jahr 1993 und ich dachte damals nicht, dass das 28 Jahre später immer noch Thema und keine Selbstverständlichkeit ist. Stattdessen kritisieren wir die Karrieremama oder den Karrierepapa genauso wie den Hausmann und das Hausmütterchen. Lassen Sie sich also nicht von Kritikern entmutigen, wenn Sie sich für das eine oder andere Modell entschieden haben, denn es ist nicht möglich, es allen recht zu machen.

Her mit den Männern in der Kinderbetreuung! Das wäre die beste Voraussetzung dafür, dass sich das Bild in unserer Gesellschaft ändert. Ob sie nun mit dem Kind Puppenspielen oder lieber Fußball, soll uns egal sein. Nur weil wir als Frauen Kinder gebären können, macht uns das nicht automatisch zu Experten in Sachen Kinderbetreuung. Apropos: Ich kenne Frauen und Männer, die selbst keine Kinder haben, aber die besten und liebevollsten Kinderbetreuer*innen sind.

Wir sollten uns über die Vielfalt an Lebensformen freuen, die es heute gibt. Früher hat es diese Möglichkeiten nicht gegeben, dadurch mussten Eltern weniger Entscheidungen treffen. Erziehungsfragen, Rollenverteilung, Familienleben waren klar vorgegeben und so manches erschien unkomplizierter. Doch war deshalb alles besser? Ich denke nicht – Familien hatten auch früher ihre Probleme, und mit Sicherheit gab es weniger Freiheiten. Die Stimmen der Frauen und Kinder wurden kaum wahrgenommen. Ich habe noch sehr gut die Erzählungen meiner Großmutter im Ohr, die auch nicht immer ein leichtes Leben hatte. Auch sie musste damals den Spagat zwischen Kind und harter Arbeit meistern, aber sie war stolz, dass sie es trotz aller Widrigkeiten geschafft hatte, und dass mein Vater letztendlich ein Gymnasium besuchen konnte.

Jede Generation hat also ihre eigenen Sorgen und Probleme und bringt ihre Vor- und Nachteile mit sich. Heute können wir uns die Vielfalt der Lebensformen und Dienstleistungen zunutze machen, anstatt sie ständig moralisch auf die Waagschale zu legen. Mit Offenheit und fortschrittlichem Denken, Toleranz und gegenseitigem Verständnis tragen wir mit Sicherheit dazu bei, dass Elternschaft und Job nicht länger ein Widerspruch sind.

Ich wünsche Ihnen viel Erfolg bei der richtigen Wahl, damit es Ihnen gelingt, ein gutes Familienleben zu führen und Ihr Kind gesund und glücklich heranwächst (Abb. 10.1).

Abb. 10.1 Patchwork-Familie *(© Robert Kneschke*/stock.adobe.com*)*

Weiterführende Literatur

Ahnert L (1998) Tagesbetreuung für Kinder unter 3 Jahren – Theorien und Tatsachen. Huber, Bern

Ahnert L (2019) Frühe Bindung: Entstehung und Entwicklung. Ernst Reinhardt, München

Ahnert L (2020) Wieviel Mutter braucht ein Kind. Beltz, Weinheim/Basel

Badinter E (2012) Der Konflikt. Die Frau und die Mutter. Dtv, München

Bodenburg I, Grimm G (2011) So fühlen sich die Kleinsten wohl. Cornelsen, Berlin

Bolten M (2009) Klinische Bindungsforschung. In: Schneider S, Magraf J (Hrsg) Lehrbuch der Verhaltenstherapie. Springer, Berlin/Heidelberg, S 55–76

Bowlby J (2005) Frühe Bindung und kindliche Entwicklung. Ernst Reinhardt, München

Dornes M (2015) Der kompetente Säugling, die präverbale Entwicklung des Menschen. Fischer, Frankfurt am Main

Juul J (2019) Die kompetente Familie, neue Wege in der Erziehung Beltz. Weinheim, Basel

Juul J (2020) Was Familien trägt, Werte in Erziehung und Partnerschaft. Beltz, Weinheim

Klein M (2011) Mit den Kleinsten im Kontakt. Ökotopia, München

Largo Remo H (2001) Babyjahre. Piper, München/Zürich

Pikler E, Tardos A (2001) Lasst mir Zeit, die selbständige Bewegungsentwicklung des Kindes bis zum freien Gehen. Richard Pflaum Verlag GmbH & Co.KG, München

Pikler E, Tardos A (2014) Miteinander vertraut werden, Erfahrungen und Gedanken zur Pflege von Säuglingen und Kleinkindern. Arbor, Freiburg im Breisgau

Schenk H (1996) Wieviel Mutter braucht der Mensch – der Mythos von der guten Mutter. Kiepenheuer & Witsch, Köln

Tomasello M (2010) Warum wir kooperieren. Suhrkamp, Berlin

Tronick E, Adamson LB, Als H, Brazelton TB (1975) Infant emotions in normal and pertubated interactions. Paper presented at the biennial meeting of the Society for Research in Child Development, Denver

Von der Beek A (2006) Bildungsräume für Kinder von Null bis Drei. das Netz, Weimar/Berlin

Wandel P (2012) Zwischen Karriere und Krabbelgruppe. Schwarzkopf & Schwarzkopf, Berlin

Zwenger-Balink B (2020) Zum Glück gibt's Oma und Opa. John, Leipzig

Zeitschriften, Broschüren

Bundesministerium für Familie, Senioren, Frauen und Jugend (2020) Familie heute. Daten. Fakten. Trends. Familienreport 2020, Berlin

Bundesministerium für Familie, Senioren, Frauen und Jugend (2021) Starke-Familien-Checkheft, Berlin

Kammer für Arbeiter und Angestellte für Wien (2021) Familienzuwachs

Kammer für Arbeiter und Angestellte für Wien (2021) Elternkarenz

Kammer für Arbeiter und Angestellte für Wien (2021) Papamonat und Familienzeitbonus

Van Dieken C (2002) Kindergarten heute – So geht's mit Krippenkindern. Herder, Freiburg im Breisgau

Van Dieken C (2008) Kindergarten heute – So geht's – Kleinstkinder in Krippe und Kita. Herder, Freiburg im Breisgau

Elektronische Quellen

Arbeiterkammer Österreich (2021) Elternkarenz | Varianten & Antrag. https://www.youtube.com/watch?v=_uefPqY-FN4. Zugegriffen am 24.05.2021

Buchebner-Ferstl S, Dörfler S, Kinn M (2009) Kindgerechte außerfamiliale Kinderbetreuung für unter drei-Jährige, ÖIF Working Paper Nr. 72. https://ucris.univie.ac.at/portal/de/publications/kindgerechte-ausserfamiliale-kinderbetreuung-fur-unter-3jahrige(62f6a857-d76e-43b5-b7d8-985f91621624).html. Zugegriffen im Feb. 2021

Bundesministerium für Arbeit. https://www.dienstleistungsscheck-online.at/dienstleistungsscheck-webapp/index.jsf. Zugegriffen am 25.05.2021

Bundesministerium für Familie, Senioren, Frauen und Jugend. https://www.bmfsfj.de/bmfsfj/themen/familie/familienleistungen. Zugegriffen am 03.07.2021

Dialog Reggio, Hundert Sprachen hat das Kind. https://www.reggiobildung.at/netzwerk/oesterreich/. Zugegriffen im Mai 2021

https://www.arbeiterkammer.at/beratung/berufundfamilie/kinderbetreuungsgeld/Kinderbetreuungsgeld_ab_01.03.2017.html. Zugegriffen am 20.06.2021

https://www.aupairworld.com/de/au-pair-programme/oesterreich. Zugegriffen am 02.06.2021

https://www.kindergartenpaedagogik.de/fachartikel/krippenbzw-hortpaedagogik/kinderkrippe/1808. Zugegriffen am 14.04.2021

Weiterführende Literatur

Julika Oppitz (01.02.2020) Die Einzigen: Über Minderheiten im Job, Job-Kurier. https://kurier.at/wirtschaft/karriere/dieeinzigen-ueber-minderheiten-im-job/400741881. Zugegriffen am 21.12.2020

Martin R. Textor (2008) Familienerziehung, Kinderkrippe oder Tagesmutter?

Weiterführende Links

Für Deutschland

https://www.aupair.com/de/p-deutschland (Zugegriffen am 02.06.2021)
www.babysitter.de
www.bmfsfj.de
www.bvktp.de
www.handbuch-kindertagespflege.de
www.kindergartenpaedagogik.de

Für Österreich

www.Babysitter.at
www.betreut.at
www.bmfj.gv.at
www.efk.at
www.hilfswerk.at
www.kinderdrehscheibe.net
www.meinefamilie.at
www.volkshilfe.at
www.wien.gv.at

Stichwortverzeichnis

A
Arbeitgeber 37
Arbeitsumfeld 36
Arbeitsvertrag 131
Au-pair 105, 108

B
Babysitterdienste 115
Beruf 35, 44
Betreuungsplatz 145
Betreuungsschlüssel 63, 71, 85, 146
Bewilligung 55
Beziehung 110
Bezugsperson 8, 17, 64
  Hauptbezugsperson 18, 62
Bindung 16, 93
Bindungsqualität 13
Bindungstheorie 4, 12
Bindungsverhaltenssystem 15

E
Eingewöhnungsmodell 92
Eingewöhnungsphase 59, 91
Elterngeld 30, 33
ElterngeldPlus 34
Eltern-Kind-Bindung 15
Elternteilzeit 28
Elternzeit 29, 35
Empathie 84
Enkelkinder 138
Erstgespräch 57, 58, 130
Erwerbstätigkeit 70
Erziehungspartnerschaft 61, 98
Erziehungsstil 136

F

Familienfreundlichkeit 42
Familiengruppe 72
Familienkultur 141
Feinfühligkeit 92
Frühförderung 88
Frühpädagogik 83

G

Ganztagesbetreuung 146
Gastfamilie 108
Geburtenkontrolle 2
Geburtenrate 2, 3
Gender Mainstreaming 84
Generation 149
Generationskonflikt 139
Großeltern 136
Gruppengröße 86, 101, 145

H

Hauptbezugsperson 18, 62
Homeoffice 40

K

Karenzzeit 7, 27, 35
Kinderbetreuungsgeld 31
Kinderbetreuungs-
    geldkonto 31
Kindergruppen 74
Kindermädchen 128
Kindersterblichkeit 2
Kindertagespflege 49, 57
Kita 71
Konzept 74, 79

Kooperationsbereitschaft 100
Kortisol 100
Kosten 66, 102, 113
Krippenplatz 70
Kündigungsschutz 28

L

Leihoma 141
Leihopa 141

M

Manny 128
Montessori-Pädagogik 75
Mutter 8
Mütterkarenz 23
Mutter-Kind-Beziehung 5
Mutterschutzfrist 25

N

Nanny 128

O

Oma 95, 136
Opa 95, 136

P

Papamonat 26
Parallelspiel 88
Partnerschaftsbonus 32
Patchworkfamilie 137
Pikler-Pädagogik 76
Privatsphäre 112

Q
Qualifikation 53
Qualität 82

R
Reformpädagogik 79
Reggio-Pädagogik 77

S
Säuglingsforschung 4, 11
Schlaf-Wach-Rhythmus 40

T
Tagesablauf 60
Tagesbetreuungskonzept 55
Tageseltern 52

Tagesmutter 49
Tagesvater 49, 51
Teilzeit 30

U
Übergangsobjekt 97
Unternehmen 42, 147

V
Vater 7
Väterbeteiligung 146

W
Weiterbildung 44
Wochengeld 25

MIX
Papier aus verantwortungsvollen Quellen
Paper from responsible sources
FSC® C105338

If you have any concerns about our products,
you can contact us on
ProductSafety@springernature.com

In case Publisher is established outside the EU,
the EU authorized representative is:
**Springer Nature Customer Service Center GmbH
Europaplatz 3, 69115 Heidelberg, Germany**

Printed by Libri Plureos GmbH
in Hamburg, Germany